Cianciola Giuseppe

A RODA DO MUNDO

O TERCEIRO MILÊNIO

Edição portuguesa por Daniele Sarno

As imagens da capa e dos capítulos 6 e 7 foram retiradas do *Liber Divinorum Operum* de Hildegard von Bingen, Libreria di Stato, Lucca, Itália.

Desde 1984, o Papa João Paulo II instituiu um encontro internacional para celebrar o jubileu dos jovens, convidando-os a abrir as portas a Cristo, recordando que "vós sois o sal da terra", "vós sois a luz do mundo" (Mt 5, 13-14). De 1 a 6 de Agosto de 2023, este encontro mundial da juventude aconteceu em Lisboa (Portugal).

Este livro é dedicado aos jovens.

Meditar

Como entender este diário "a roda do mundo".

Antes de iniciar a leitura histórica, saiba que o autor deste diário tem atrás de si uma biblioteca e uma experiência pessoal como autodidata, não pretende ser moralista, não se considera professor, catedrático, teólogo, filósofo, psicólogo, sábio, padre, não tem títulos nem representa outros.

Por destino penetrei no vórtice do conhecimento de toda espécie, de temas que tratam da literatura espírita do bem e do mal, da espiritualidade saudável e herética, que sempre foi manipulada nas consciências humanas e no coração de cada um de nós. Muitas crenças são diabólicas, falsas religiões que mencionam o nome de Deus em vão, estão presentes na história, na sociedade humana, em várias nações, muitas vezes o mundo as torna um único feixe, enquanto a verdadeira fé em Deus é uma revelação divina, iniciada com Abraão e chegada até o

Messias, Emanuel, Jesus Cristo. O cristianismo viveu bons e maus momentos, com o seu carisma sempre lutou, defendeu, pregou a vida humana, a salvação das almas, para não nos lançar no inferno, para não nos sugar para o abismo da ignorância profunda, criada pela mentira para manter o conhecimento oculto (Mt 13, 44-51). Para quem ignora ou quer ignorar, estamos no tempo da vinda dos anjos.

Este é um diário simples, mas ao mesmo tempo complexo. As verdades de Deus têm sido poluídas por falsas crenças, falsos dogmas, por poderes que transformam a luz em trevas, muitos cristãos duvidam e se afastam da verdadeira fé. Este diário em sua forma pequena, com migalhas de catequese torna-se o cão de guarda do bom pastor, aborda temas gigantes com estilo simples e elementar, para quem ama a verdade, a história, o conhecimento, o estudo das profecias, as aparições marianas. Deus sempre escreveu em seu caderno, mesmo em nossos dias sombrios, com uma guerra nuclear às portas da Europa e uma profunda crise moral e espiritual; Deus controla o universo deixando latir essas forças malignas que agora parecem ter poder semeando terror, medo, morte, incertezas no tabuleiro de xadrez político, geopolítico, religioso.

Até hoje esta é a leitura do mundo em que vivemos, entre a ignorância, a mentira e a consciência, enquanto Deus secretamente prepara o futuro do terceiro milênio. São Padre Pio, Santa Madre Teresa, Irmã Lúcia, são os mensageiros de Deus que nos séculos XX e XXI fizeram parte do mistério divino mariano. Três santos papas consertaram o rasgo da história do cristianismo como o conhecemos, minado pelo demônio, pela divisão criada pelo Concílio Vaticano II, pelos maus pastores que deram mau exemplo da fé cristã, sujando o nome da igreja mãe. Os últimos três papas foram três bons pastores que encaminharam a humanidade para um mundo melhor, em busca da verdadeira fé da Igreja no terceiro milênio.

O Papa Paulo João I, o Papa João II, o Papa Bento XVI, todos os três consagrados por Deus, conduziram a igreja em união com o pastor de todos os pastores, Jesus Cristo, que morreu na cruz por nós, em união com a Mãe de Jesus Bergoglio e seus ministros continuam a construir uma falsa igreja, construída sobre a malícia da culpa e do pecado. Para ter uma visão mais clara, convido-vos a ler do Saltério os Salmos 51 e 52. A Igreja, una, santa, católica, apostólica, é reparadora dos pecados veniais e mortais. Existe talvez um teólogo, um ministro da santa mãe igreja que questione esta verdade? Não há necessidade de concílios e milênios de história cristã para entender a santa mãe igreja. O papel da santa Sé é pregar a mensagem de Cristo em pensamento, palavra e ação. Procuramos uma religião que olhe para o mundo, enquanto o cristianismo existe para olhar para Deus.

Se a igreja é Cristo, o que vocês ministros fazem dentro da igreja? Permanecem bem mascarados naquele santo lugar, até que Deus vos permita e vos ofereça a sua misericórdia pelo vosso arrependimento, permanecem firmes no vosso orgulho, mas lembrem-vos que o relógio da justiça divina avança a cada momento e o anjo continua a gritar "Penitência, penitência, penitência!". Este diário, na sua análise histórica, faz uma leitura divina e também uma leitura da nossa vida profana, na qual, embora pareça que a força do mal domina a terra, a vitória final pertence a Deus.

Saiba que todo conhecimento tem sua luta interior, infernal, seu maior inimigo é o orgulho, que domina nossas consciências e consome nossos cérebros, fazendo-nos perder a razão.

Este diário, através de seu percurso histórico, propõe uma busca pela fé cristã, aquela fé que nos foi oferecida por Jesus Cristo, de forma humilde, mas que a história mudou com as ciladas do demônio, os falsos ministros da igreja, as falsas religiões, os poderes políticos, os falsos livros, o falso conhecimento. A verdadeira fé nos foi transmitida pelos santos, pelos mártires, pelos bons cristãos que ainda hoje lutam para manter em pé a Santa Madre Igreja, esperança de toda a humanidade. Meu conhecimento e consciência não podiam ficar calados. A irmandade que a Igreja de hoje com o Papa Francisco leva adiante não vê mais Jesus morto na cruz por nossos pecados, mas um único Deus para todas as religiões. Hoje a Igreja e a fé vivem uma grande confusão, montanhas de dúvidas surgiram entre os fiéis (questionando também a fé vivida no período do Concílio Vaticano II), dúvidas sobre o que é válido ou não. Não caiamos nesta armadilha, nesta confusão. A resposta é só uma para cada um de nós: a fé, a nossa boa fé torna tudo válido, quando não sabemos o que estamos fazendo até tomarmos consciência da heresia que nos foi oferecida, ensinada, pelos falsos pastores que vivem o seu interesse e não o de Deus, das almas. A fé resiste a tudo, às circunstâncias, à ignorância, à doença, ao orgulho, até mesmo às heresias que os traidores da igreja estão semeando no caminho de Deus.

Dia após dia, com o tempo vão sendo eliminados os ornamentos sagrados, altares, tabernáculo, Santa Missa, rito de comunhão, água benta, com o tempo temo que também eliminem a cruz, como já aconteceu em locais públicos onde também é proibido recitar um "Pai Nosso". Talvez não tenhamos percebido que querem criar uma igreja estatal, o Papa Bergoglio e seus ministros são os carrascos da verdadeira fé cristã.

Os bergolhanos não vivem a fé, na qual a misericórdia de Deus ainda oferece sua bênção, perdoando o que não conhecemos. A pregação herética bergolhana, anátema, está fora da bênção de Deus e sujeita à maldição. Do Papa João XXIII ao Papa Bento XVI, os papas foram válidos, embora saibamos que com o Concílio Vaticano II, os papas foram escolhidos com base em razões políticas. Com o papado de Bergoglio eles queriam desafiar a Deus, expulsando Bento XVI de seu trono para eleger um falso papa. Você realmente acredita que existe renúncia na vida dos pastores de igreja? Na fé da igreja cristã não existe termo renúncia, não existe papa emérito, existe apenas a fé de servir a Deus como se é, inteligente ou ignorante, saudável ou doente: o Papa Bento XVI serviu a Deus enquanto os lobos devoravam coisas sagradas. Estamos em guerra, a saúde do corpo e da alma estão em risco, a pandemia, o veneno das vacinas, com que muitos acreditam ter resolvido o problema, mas não para quem segue a literatura científica... não cabe a mim falar: lido pessoalmente com a literatura de crise espiritual; ambas as crises podem ser superadas com fé, vendo Cristo morto na cruz. Vivemos no deserto, o mesmo deserto em que as serpentes mataram os rebeldes que estavam com Moisés, que também rogaram a Deus por isso. Hoje é a mãe de Jesus que roga por nós e quem olhar para a cruz de Cristo estará salvo do veneno da vacina e do pecado mortal da alma.

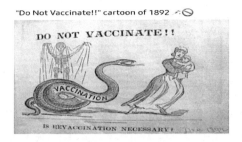
"Do Not Vaccinate!!" cartoon of 1892

Somos chamados a esta última batalha contra o mal, cada um como pode. Este livro, para o bem ou para o mal, entra no coração da história do cristianismo, com suas faltas, arrependimentos, traições, onde Deus com sua paciência segurou seu braço para evitar o castigo sobrenatural. Em todo o mundo existem milhares de fiéis cristãos que reconhecem que Bergoglio não é papa, milhares de pessoas, intelectuais, padres, bispos, teólogos, católicos, leigos, que saíram em todo o mundo afirmando que Bergoglio não é papa, enquanto a igreja se cala chamando-o de santidade, herege, anátema. Pobre da igreja onde os cardeais bispos se refugiam no silêncio para continuar alimentar os fiéis com má teologia. Ninguém venha me dizer que não sou teólogo para contar essas coisas, porque respondo que sou apenas um pecador no caminho de Deus e meu pastor é Jesus Cristo. As orações que dirijo à Mãe de Deus são raios de luz no caminho da verdade. Verdades históricas, proféticas, histórias místicas, aparições marianas, verdadeira espiritualidade sem heresias, a roda do mundo que, depois de séculos e séculos de história, vê a fé cristã reduzida a uma caricatura informática, teatral e cinematográfica.

Pobre de nós, a realidade da mentira passa diante de nossos olhos, mas não a vemos. São muitos os filmes, os livros, as conferências, que contam a história do presente e do futuro político, social, católico, onde o homem continua a querer ocupar o lugar de Deus, o lugar do pecado original. Os nazarenos foram a origem do cristianismo, os romanos, após a queda do império, deram lugar ao longo do tempo ao império da igreja cristã, que espalhou pelo mundo todas as suas mensagens transmitidas por mártires e santos e que hoje conta com cerca de dois bilhões de fiéis. Roma, a cidade carismática da fé cristã, tem o dever de lutar contra a grande prostituta que sempre corrompeu, semeando hipocrisia, sujeira e inferno.

Pobre de você se ainda não entenderam o terceiro segredo de Nossa Senhora de Fátima, pobre de você se não são capazes de fazer uma leitura histórica, pobre de você se ainda não entenderam qual é o papel de um Papa.

Após o ataque ao Papa João II, Nossa Senhora de Fátima, através da Irmã Lúcia e do Cardeal Ratzinger em 2005, durante a Via Crucis na Sexta-feira Santa, dirigiu a Deus um pedido de clemência para toda a história cristã. O Papa Bento XVI, pela invocação do Espírito Santo, renovou a verdadeira fé em Cristo.

A oração de São Patrício sustenta a fé e ajuda a afastar aqueles que querem conquistar sua alma. Este diário orienta você para uma boa e sólida teologia, vocês só precisam abrir vossos corações, Jesus Cristo fará o resto. Em 2020, com a pandemia do Covid 19, o mal assumiu dimensões gigantescas no corpo, mente e alma humana a nível mundial. Descobrimos que não é apenas um problema de saúde, mas também social e espiritual. O "katechon" do terceiro milênio vê o choque entre a boa

11

e a má teologia, a força do choque entre o bem e o mal, Jesus Cristo contra o diabo, a paixão de Jesus e Maria na Igreja.

Toda a minha pesquisa começa com as mensagens de Nossa Senhora de Fátima reveladas a três pastorinhos em 1917. Os pesquisadores que conhecem suas profecias pesquisam a causa e o efeito da luta visível e invisível que enfrentamos no nosso mundo cotidiano.

Por mais de cem anos, a humanidade e os peregrinos de Nossa Senhora de Fátima esperaram por sua promessa de um mundo melhor; hoje uma guerra termonuclear acabaria com nosso planeta, a raça humana e toda a história. A história de Nossa Senhora de Fátima é também a história do nosso tempo apocalíptico, onde descobrimos desamparo, dor, doença, amargura, sofrimento, lágrimas, infelicidade, dia após dia descobrimos o inferno terrestre, onde a humanidade precisa da intervenção divina, único refúgio, esperança. Essa busca é direcionada para visões místicas, para ver o que os outros não veem; não percebem a força do mal que está dominando a humanidade, a fé cristã, a própria Igreja Católica, provocando uma crise infernal.

Durante nosso processo histórico, muitas vezes houve um período sombrio, chamado de período das trevas, um período em que os demônios se tornaram senhores do planeta Terra e da raça humana. É bom demais pensar que somos todos seres humanos iguais, mas nem todos vivemos no mesmo espírito, bom ou razoável. Existem pessoas que venderam a alma ao diabo, para quem a vida do outro não vale nada. Isso nos ensina o conhecimento da história, mas acreditamos que o mal e o diabo são conceitos medievais, confiamos em tudo e em todos. Somos uma sociedade mimada, desde o consumismo, shows, cinema, teatro, até as ilusões do mundo, prazeres, dinheiro, sucesso material.

Nos últimos 500 anos de história, entre circunstâncias, guerras, progresso científico, medicina, psicologia, a igreja, a de Roma, doutrinava na matéria, na vida social, mas muitas vezes esqueceu de refletir sobre a alma, problema central do presente e da vida futura. A alma, tema espiritual do nosso século, não a vemos, mas existe no homem, caminha com todo ser humano na luz ou na escuridão.

Hoje a humanidade vive esta crise, experimentando o fruto do mal, por ter confiado no progresso científico, na medicina, na psicologia, nas novas religiões, na má teologia. Seguimos em frente com uma fé que está sendo atacada por todos os lados. O mal é forte, astuto, tem esse poder sobrenatural de lutar contra o conhecimento e as leis do Criador. O poder luciferiano é capaz de mistificar todas as verdades de Deus, mesmo pregando má teologia. Nos evangelhos encontramos todas as verdades, as advertências profetizadas. (Mt 24:4-7) Jesus disse: "Cuidado, que ninguém vos engane; muitos virão em meu nome, dizendo: Eu sou o Cristo, e enganarão a muitos. Você então ouvirá falar de guerras e rumores de guerras. Tenha cuidado para não se alarmar; tudo isso precisa acontecer, mas ainda não é o fim. Pessoas se levantarão contra pessoas e reino contra reino; haverá fomes e terremotos em vários lugares. A nossa sociedade moderna, apesar de se declarar católica, cristã em grande parte do mundo, quebrou todas as leis, morais e espirituais, do nosso catolicismo (rico em igrejas, catedrais, mosteiros, conhecimento dos santos, aparições marianas). A Igreja é rica em cultura, em espírito, mas pobre em fé, em obras de caridade, como as realizadas por São Padre Pio e Madre Teresa.

Em 2020 tomamos conhecimento do drama histórico da igreja cristã, depois de ter resistido à dois milênios de ataques do demônio, primeiro com o martírio de cristãos lançados aos leões, depois com a história dos papas negros, guerras, cruzadas, caçadas para bruxas. Nos últimos 500 anos houve sacrilégios dentro da igreja: são visões terríveis que Jesus mostrou ao Padre Pio, tudo de mal que estava acontecendo na igreja por um grupo de seus ministros. O cristianismo caminhou no silêncio, na dor, no sofrimento, permanecendo firme na fé dos santos, acreditando nas profecias, nas aparições marianas, na Divina Misericórdia. Descobriremos juntos a diferença entre a igreja santa e a "profana".

A igreja de hoje está entregue a si mesma, é a análise do tempo e do espaço, da razão e da loucura, da verdade e da falsidade, estamos dominados, possuídos por ditaduras políticas disfarçadas de democracia, com uma religião pintada de preto, sem luz, sem esperança, sem caridade. A pandemia do Covid 19, com seu uso estratégico e maléfico, nos alertou. Para muitos tornou-se uma busca, uma visão do mundo em que vivemos, que representa também o futuro de nossos filhos, netos e novas gerações. Não podemos ficar passivos diante de problemas insanos decididos por doentes mentais, forçados a acreditar em todas as mentiras que são contadas, com uma propaganda infernal para fazer lavagem cerebral e depois programar uma inteligência artificial. Estamos imersos nessa batalha física, psicológica, moral, espiritual.

O meu saber e a minha consciência, no meu pequeno jeitinho, trava a sua própria batalha, percebendo que só nos dizem o que nos interessa do mundo e na mesma igreja se prega a falsidade e a má teologia, uma praga dolorosa para a humanidade, para a fé cristã, uma ferida a ser curada, curada com luta, tempo e vitória. Em 31 de Dezembro de 2022, faleceu o Papa Bento XVI, eleito em 19 de Abril de 2005; para os crentes de boa teologia da fé cristã, para os verdadeiros dogmas da Igreja, para o Espírito Santo, foi Vigário de Cristo, até a sua morte. Os homens não decidem sobre este assunto: sobre os dogmas da igreja, histórias falsas, livros falsos, falsos pregadores, falsos especialistas falam com o espírito da serpente infernal, eles sempre falam da igreja através da história ruim, sempre levando adiante a mesma igreja. É o Senhor Deus que sopra seu Espírito Santo. Por dez anos foi-se brincando com palavras, mentiras, mesmo no dia de sua morte e de seu funeral. Os protocolos de sua morte como Papa não foram respeitados, até os sinos foram silenciados. Vergonha! Não se é Papa com palavras, mas com atos santos; o Papa Bento XVI deixou esta mensagem para todos os fiéis, crentes, padres, bispos, cardeais: Deus no centro da igreja com uma boa teologia. Claro, como sempre temos um especialista que explicará todos os problemas do caso do Papa Bento XVI. O arcebispo Georg Gänswein apareceu recentemente em todas as transmissões e depois da morte do Papa escreveu um livro no qual nos explicará toda a verdade, mas deve ter em mente que Deus, não sendo estúpido, já escreveu a sua verdade.

Nossa cultura profana não nos permite compreender o significado profundo do sagrado e do profano. Deus indica o Papa que deve governar a igreja, o sumo pontífice, bispo de Roma, a mais alta autoridade religiosa, reconhecida pela igreja católica como vigário de Cristo, sucessor de Pedro. Esta é a chave da leitura, a visão do dogma da igreja espiritual. Saudável ou doente, serve-se a Deus até à morte: na vida espiritual com Deus as coisas funcionam assim, na espiritualidade material declara-se um Papa do nada. Sabemos de Bergoglio que ele vem da Argentina, um país com uma história de ditaduras, onde foi colaborador dos carrascos, uma história conhecida, pública, onde não há segredos, mas apenas censuras de computador. Do Papa Francisco nada sabemos de sua caridade espiritual. O Papa Bento XVI, além de ser um grande teólogo, esteve ao lado do Papa João II como guia espiritual. Que guia espiritual Bergoglio tinha para ser Papa? O que nos resta na defesa humana e cristã? Na minha opinião pessoal, apenas a oração e dizer "venha o teu reino, Senhor", esperando no triunfo do coração imaculado de Maria.

Agora que nosso Papa Bento XVI está morto, cabe ao pequeno grupo de fiéis lutar, fazendo o possível para trazer a igreja de volta à luz da verdade, à boa teologia, para acordar aqueles que por ignorância e engano caíram nos sermões de uma falsa fé e não percebem o que está acontecendo com a humanidade, com a fé cristã, com a santa mãe igreja. Esta luta obriga-nos a retroceder na história para reencontrar a nossa fé perdida, minada durante o seu processo histórico pelo diabo, que com engano conseguiu transformar a boa teologia em má com heresias, cultos de idolatria, profanando a verdadeira doutrina cristã; o Concílio Vaticano II abriu as portas para esta mudança de má teologia. Devemos coletar pérolas espirituais e teológicas, histórias de santos, profecias, histórias históricas, para reler atentamente a história de São Padre Pio, que disse: "É Satanás que entrou no seio da igreja e em pouco tempo virá governar uma falsa igreja".

O Papa Bergoglio (e seu culto religioso) já fez muito estrago entre os fiéis com sua má teologia... A Igreja está dividida! Jesus disse: "Eu sou o Caminho, a Verdade e a Vida. Ninguém vem ao Pai senão por mim" (Jo 14,6). Quanta falsidade nos sermões do falso Papa, discursos de belas palavras, especulando sobre o sentimento humano enquanto na prática adoram um culto pagão, a "pachamama", também cunharam uma moeda de dez euros como moeda vaticana em homenagem a esta pachamama. Deus escolheu o seu Papa com Bento XVI, um Papa espiritual, o mundo escolheu o seu Papa material, Bergoglio. O corvo negro que ia matar a pomba branca, cena que todos já viram. É vergonhoso até falar disso com Bergoglio, só vimos trevas no mundo e na fé cristã e nas nossas belas igrejas, lugar de coisas sagradas, silêncio, meditação, união, adoração a Jesus e Maria, luz da verdade de Deus. Eles sujaram a igreja. Abominação dentro da mais bela basílica do mundo, a de São Pedro, profetizado por a Beata Katharina Emmerick: "Vi aquela enorme e estranha igreja que estava sendo construída ali em Roma, não havia nada de sagrado nela, vi todo tipo de gente, coisas, doutrinas e opiniões. Todo tipo de abominação foi cometido lá" (22 de Outubro de 1822). Profecia de Joseph Ratzinger, 1969: "Da crise de hoje emergirá uma igreja que terá perdido muito. Vai ficar pequena e vai ter que começar de novo, mais ou menos desde o início". O Senhor não abandonará a sua Igreja, é um tempo de prova da fé, que durante séculos suportou amarguras, sofrimentos, desilusões, martírios, falsas teologias e segue em frente com a fé dos santos e a oração. Estamos passando por um período de exame de consciência de fé histórica, um período de purificação de nossa consciência, libertando-nos de fantasmas e espíritos malignos que sujaram nossas consciências cristãs.

Somos cristãos pelo batismo que recebemos, nos tornamos filhos de Deus, mas a má história material e espiritual que passamos tem feito muitos cristãos serem condenados, muitas almas irem para o inferno. Nossa Senhora de Fátima mostra o inferno às três crianças, Jesus mostra o inferno à Irmã Faustina. Muitos místicos falaram da condenação e do inferno. Este diário não é baseado em pensamentos pessoais, mas em profecias divinas, pesquisas sérias. Nosso tempo é invadido pelo mal e caminha para a autodestruição, vivemos com a vaidade e o orgulho da ciência, da tecnologia, acreditando no que quiserem.

Precisamos de um curso de teologia, a partir do Gênesis, para entender Deus, o homem, a vida, redescobrir sua verdadeira imagem e não a da moda, gostos pessoais, vícios e loucuras de todo tipo. O autor deste diário fez todo tipo de pesquisa para entender se havia esperança neste mundo perdido longe de Deus, da verdade; esse foi o motivo da minha pesquisa, das profecias, para entender se era o fim dos tempos, da raça humana, do planeta terra. O mal parece sempre cantar a vitória, ri ao ver o gênero humano prisioneiro de seus vícios, impedindo o sonho humano universal de um mundo melhor, agora sem esperança, impossível; tudo torna-se utopia porque já não acreditamos, temos pouca fé porque o homem não acredita que foi criado à imagem de Deus para o bem, a criatividade, o desenvolvimento do seu bem-estar material e espiritual. Voamos para planetas sem vida e não conseguimos andar direito no nosso planeta terra, planeta onde sabemos que ainda há vida e esperança, que produz todo o tipo de animais, comida para nos alimentar de corpo e alma com sentimentos reais e não de lixo, de piadas vulgares que primeiro fazem você rir e depois chorar. No terceiro milênio a humanidade precisa olhar para a cruz e para o espírito de Jesus Cristo: suas leis regularão a vida humana em mente, corpo e alma. O terceiro milênio será chamado o milênio dos santos. Jesus disse: *"Eu sou a Luz do mundo"*; assim como Deus é onipotente, Jesus é luz.

Tentei com todas as minhas forças penetrar nas entranhas do processo histórico, onde duas forças sobrenaturais foram a causa da sobrevivência humana, de uma humanidade que continua seu destino até os dias atuais. Após 2023 anos de história cristã, história de graças, de bondade, de virtudes, de aparições marianas, de milagres, o mundo e a humanidade se encontram mergulhados no abismo, girando em torno de uma torre de Babel. Mundo mentiroso, mimado, imoral, vulgar, que criou uma sociedade bárbara, atropelando os mandamentos de

Deus, devastando a natureza: por um lado, tudo isso é ignorância, por outro, é o orgulho que nos faz recusar a entender o que é a vida. Milênios de história, experiências, estudos na mente de médicos, especialistas, cientistas, peritos, pastores de igrejas, para encontrar um mundo sujo e vulgar, pronto para ser oferecido às crianças do terceiro milênio.

O homem é impotente diante das calamidades que ele mesmo criou, fazendo ruir também a nossa fé cristã, com a presunção de ocupar o lugar de Deus. Este diário teve que buscar nas sagradas escrituras, na vida dos santos, nas profecias, para dar uma resposta, onde parece que o ser humano está destinado a se autodestruir, a desmoronar como Sansão que caiu com todos os filisteus. A Divina Misericórdia nos oferece seus avisos mais uma vez antes que sua justiça chegue. Este diário, talvez enfadonho, repetirá o que sempre foi. Quando virá o fim? "Eu sou o alfa e o ômega", diz o Senhor Deus, "aquele que é, que era e que há de vir, o Todo-Poderoso!" (Apocalipse 1, 8). No terceiro milênio acontecerá conforme descrito neste diário de pesquisa e profecia.

O homem é composto de corpo e alma, foi criado à imagem e semelhança de Deus, mas damos mais atenção à ciência, que nos faz aceitar apenas o que é comprovado, negligenciando o resto. A ciência explica o nascimento do mundo, a evolução deste lindo planeta terra, feito de oceanos, rios, montanhas, colinas, continentes, onde cabem todos. A terra, com seus movimentos elegantes e precisos, dança como uma dançarina 24 horas por dia há milênios, sem nunca se cansar. Amanhecer, dia, entardecer, noite, o relógio de Deus é sempre preciso, em harmonia com o sol, a lua, as estrelas, o céu, tornando este planeta maravilhoso. A ciência tenta explicar tudo, mas não consegue responder à pergunta: de onde vem toda essa "arquitetura", essa "inteligência"? Em teoria sabemos o que é a verdade, conhecemos bem a história de Jesus, o mestre da verdade, sabemos como foram as coisas, por isso a verdade continua a ser o tema mais perigoso para quem não quer ouvir. A esta altura o mundo vive numa hipnose coletiva: mercado, finanças, economia, comércio, quem pode (ou quer) acabar com essa obsessão? Parece não haver espaço para problemas sociais, morais, psicológicos, espirituais, por isso o mundo nunca melhora, está cada vez mais doente, mimado, perverso, acostumado às circunstâncias.

Este diário não é o fanatismo de uma mente doente e esquizofrênica; quer ser a história de uma pessoa que tem mais pés no chão do que você imagina. Muitos são os perdidos nas ilusões deste mundo, incapazes de enxergar os problemas aqui descritos, pensam que tudo se resolve sem fazer nada, enquanto o mal cresce, engorda devorando as almas. Estamos todos pagando, não há família nesta terra que viva sem uma profunda decepção no coração, enterrada sob uma montanha de mentiras. É impossível o homem seguir em frente apenas com suas opiniões, porque sabemos quais serão as consequências no futuro: devemos lembrar que em nosso futuro estão nossos filhos, netos, novas gerações.

Este mundo está experimentando o apocalipse da vacinação e o apocalipse da fé cristã hoje. Esta é a crônica deste mundo atual, onde muitos ignoram o que está para acontecer. Se queres compreender melhor o universo, olha para o céu onde navegam o espírito de Deus e também o do diabo, duas forças sobrenaturais; Agora coloque diante de você uma velha balança, aquela que contém dois pratos, um à direita e outro à esquerda. Leia este diário, tente analisar este planeta; coloque os pesos onde quiser e depois tire suas próprias conclusões. Lutar é um dever da vida, é a nossa crença em Deus, Deus não fará nada se nós não fizermos nada, a regra é ajude-se e Deus vai ajudar você. Vamos ajudar este planeta e ajudar nossos filhos e netos, reeducando uma nova geração, oferecendo-lhes um mundo de fé e esperança, menos sujo materialmente, moralmente e espiritualmente.

Abrimos as portas para a vida, para uma nova forma de acreditar, esperar, pensar, uma batalha árdua, uma luta complexa, mística, mas necessária para recolocar Deus em primeiro lugar na nossa vida, na nossa sociedade, como única fonte de verdade da vida, para observar novamente o milagre das bodas de Caná.

Capítulo 1
Diário histórico

A história de 2020 será lembrada como a lenda da caixa de Pandora. A humanidade, prisioneira das suas próprias necessidades, caminha no tempo e no espaço das suas próprias ilusões, esquecendo-se que o Criador é Deus, por isso as forças do mal dominam e têm poder sobre as nossas pobres almas. Padre Pio de Pietrelcina ousou dizer que neste mundo tudo se torna pecado, principalmente quando não há pastores orientadores para equilibrar nossa vida louca, uma vida feita de liberdade de opinião sem fundamentos morais, que dá espaço e luz verde a toda forma do vício e do pecado. O corpo e a alma parecem ter o diabo por pai, não há que acrescentar mais nada, os factos falam por si. Estamos em Janeiro de 2020, a pandemia do Covid 19 fez sua entrada, espalhando-se pelo mundo, transmitida de homem para homem, causando as primeiras mortes em massa. As televisões transmitiam imagens de terror e morte, a consciência do que era certo e errado do bem e do mal foi perdida, um único pensamento dominou as mentes de nossa sociedade. O mundo havia retornado à Idade Média, moral, psicológica e espiritualmente. Em 2020 a humanidade entra na pior crise de toda a história humana, crise social, crise política, crise da fé cristã. Duas imagens que a história jamais esquecerá.

1. A procissão de caminhões carregando caixões de pessoas que morreram de vírus corona.

Imagens de medo, morte e terror que representavam a crise social no mundo. Fala-se duma pandemia, mas a história contará a verdade deste drama global.

2. A outra imagem é a da mais bela basílica do mundo, a Praça de São Pedro em Roma, imersa na escuridão.

Imagens que explicam tudo, falam de uma igreja mergulhada nas trevas espirituais, morais, sem a luz de Deus. A basílica de São Pedro profanada por falsos ministros e um falso papa. Este diário escreverá alguns trechos do Antigo Testamento e trechos das Sagradas Escrituras para contar a história da fé. Este diário se propõe a trazer à tona pedaços de 2023 anos de história, períodos bons, outros ruins da história cristã que luta contra as constantes ciladas do demônio. Este diário começará com o conhecimento de pessoas que almejam o poder sobre o mundo, passando de geração em geração, servindo, adorando, oferecendo sacrifícios ao mal. São pessoas ditas "iluminadas", chamadas de arquitetos da nova ordem mundial: um elemento a conhecer para ter uma visão mais completa do mundo em que vivemos; em seguida, o diário se dirigirá para a verdadeira essência da história, que começou com os primeiros cristãos, depois continuou com o Império Romano, a alta Idade Média, a baixa Idade Média, a descoberta da América, a revolução industrial, a "Belle Époque", as duas guerras mundiais, o pós-guerra, até aos dias de hoje.

Este diário também vos dará a conhecer a existência de uma medicina medieval, a medicina de Santa Hildegard, que cura o corpo e a alma, completa a boa teologia, para não ser enganado por falsos pastores da igreja que, em vez de salvando almas, mergulhe-as na condenação.

É preciso dar um passo atrás na história do cristianismo, para compreender que em seu processo histórico entre o martírio físico, psicológico e espiritual, vivemos o resumo da luta entre o bem e o mal, que chegou até nossos dias, com pessoas que têm apenas um corpo, esquecendo-se da alma. A pandemia de

2020 trancou toda a humanidade numa prisão sanitária, a pandemia, o medo e a morte triunfaram sobre a fé cristã, fazendo-nos acreditar que a vacina seria a solução para o regresso à vida normal. Nem todos acreditaram nesta propaganda, nem todos viram a pandemia como a verdadeira causa do que estava acontecendo, o drama era mais profundo, tinha que ser buscado em nível individual, pessoal: lutas infernais não se superam com palavras, mas com oração e busca da própria alma, que tem sede de verdade.

Este diário não é fruto de fantasias, embustes, mas de processos históricos que de fato aconteceram. É um diário baseado na história dos acontecimentos ocorridos, escritos e relatados; o meu mérito continua sendo o de ter vasculhado nas montanhas de lixo informático, de recolher pérolas de verdade, de procurar um fio da história, de perceber o que se passa neste mundo louco, um diário de todos que é de todos, de tentar ajudar a história e leitores para entender melhor a fé cristã.

Queríamos desafiar nossa cultura, nosso credo cristão, a luz de Deus, Jesus, Maria, os santos, os mártires. Hoje na igreja vivemos em pecado mortal, mudaram a luz em trevas com o culto de idolatria da "pachamama"; minha consciência cristã não tem intenção de compartilhar este terrível pecado contra Deus. Pagamos o preço de uma má fé, de maus teólogos que fizeram mais mal do que bem à história da igreja, tornando-nos mais doentes do que saudáveis. Que fique claro que este discurso não se aplica a todos, porque reconhecemos os santos, assim como bons teólogos, bons padres, bons cristãos e também bons cristãos.

A misericórdia de Jesus e de Maria quer nos curar desta peste dolorosa e mortífera que fez cair sobre as almas as trevas, a condenação, o inferno. Durante a sua homilia um padre gritou: quando um santo é um santo, ele pode ser visto claramente, porque ninguém "acende uma lâmpada para colocá-la debaixo do alqueire", mas a coloca em cima do candelabro, para que brilhe e ilumine toda a sala porque você fará obras maiores do que estas e brilhará como estrelas brilhantes e nossos santos são lindos! É bom ser católico! É bom ter santos que iluminam, que são faróis, que nos dizem: existe vida sobrenatural. A igreja de Cristo sobrevive aos infortúnios, pedofilia, misérias, traições, heresias! "Não Praevalebunt"! "Eles não prevalecerão"! A igreja sobreviverá, temos a garantia de Cristo, podem vir tempestades, cair chuvas, mas a igreja está alicerçada na rocha, a rocha inabalável de Cristo!

Espero que este diário não seja acusado de plágio, por relatar fatos que me foram passados por outras pessoas, por copiar fotos para dar mais sentido a períodos históricos. Agora o mundo está nas trevas morais, psicológicas, sociais, espirituais, quiseram dar um golpe mortal na raça humana, na nossa fé, no cristianismo, estamos na Idade Média espiritual para nos prepararmos para um novo renascimento.

Acho importante para um cristão renovar seu batismo de fé contra as ciladas do demônio, conhecer a oração de São Patrício, redescobrir a verdadeira espiritualidade de nossa amada igreja onde se guarda a verdade de Deus, para ajudar a humanidade.

A Oração de São Patrício, conhecida como Couraça de São Patrício:

Levanto-me, neste dia que amanhece,
Por uma grande força, pela invocação da Trindade,
Pela fé na Tríade,
Pela afirmação da unidade
Do Criador da Criação.

Levanto-me neste dia que amanhece,

Pela força do nascimento de Cristo em Seu batismo,

Pela força da crucificação e do sepultamento,

Pela força da ressurreição e ascensão,

Pela força da descida para o Julgamento Final.

Levanto-me, neste dia que amanhece,

Pela força do amor dos Querubins,

Em obediência aos Anjos,

A serviço dos Arcanjos,

Pela esperança da ressurreição e da recompensa,

Pelas orações dos Patriarcas,

Pelas previsões dos Profetas,

Pela pregação dos Apóstolos

Pela fé dos Confessores,

Pela inocência das Virgens santas,

Pelos atos dos Bem-aventurados.

Levanto-me neste dia que amanhece,

Pela força do céu:

Luz do sol,

Clarão da lua,

Esplendor do fogo,

Pressa do relâmpago,

Presteza do vento,

Profundeza dos mares,

Firmeza da terra,

Solidez da rocha.

Levanto-me neste dia que amanhece,

Pela força de Deus a me empurrar,

Pela força de Deus a me amparar,

Pela sabedoria de Deus a me guiar,

Pelo olhar de Deus a vigiar meu caminho,

Pelo ouvido de Deus a me escutar,

Pela palavra de Deus em mim falar,

Pela mão de Deus a me guardar,

Pelo caminho de Deus à minha frente,

Pelo escudo de Deus que me protege,

Pela hóstia de Deus que me salva,

Das armadilhas do demônio,

Das tentações do vício,

De todos que me desejam mal,

Longe e perto de mim,

Agindo só ou em grupo.

Conclamo, hoje, tais forças a me protegerem contra o mal,

Contra qualquer força cruel que ameace meu corpo e minha alma,

Contra a encantação de falsos profetas,

Contra as leis negras do paganismo,

Contra as leis falsas dos hereges,

Contra a arte da idolatria,

Contra feitiços de bruxas e magos,

Contra saberes que corrompem o corpo e a alma.

Cristo guarde-me hoje,

Contra veneno, contra fogo,

Contra afogamento, contra ferimento,

Para que eu possa receber e desfrutar a recompensa.

Cristo comigo, Cristo à minha frente, Cristo atrás de mim,

Cristo em mim, Cristo em baixo de mim, Cristo acima de mim,

Cristo à minha direita, Cristo à minha esquerda,

Cristo ao me deitar,
Cristo ao me sentar,
Cristo ao me levantar,
Cristo no coração de todos os que pensarem em mim,
Cristo na boca de todos que falarem em mim,
Cristo em todos os olhos que me virem,
Cristo em todos os ouvidos que me ouvirem.
Levanto-me, neste dia que amanhece,
Por uma grande força, pela invocação da Trindade,
Pela fé na Tríade,
Pela afirmação da Unidade,
Pelo Criador da Criação.

Vitória divina

O arcanjo que se levanta contra satanás, defensor dos amigos de Deus e protetor de seu povo. O mal é forte, mas a vitória pertence a Deus.

Capítulo 2

Os arquitetos da nova ordem mundial

Algumas pessoas pensam que o que está sendo dito sejam apenas teorias. Eles não são teorias, mas são fatos e eventos históricos. As sociedades secretas, bases da elite mundial, não são secretas. Albert Pike, um grande maçom americano, enviou uma carta a Giuseppe Mazzini em 15 de Agosto de 1871, contendo um plano que previa a ocorrência de três guerras mundiais para criar uma nova ordem mundial.

A Primeira Guerra Mundial deve se desenvolver de uma forma que permita aos "iluminados" tomar o poder dos czares da Rússia, garantir que este país se torne uma besta do comunismo, um ateu.

A Segunda Guerra Mundial deve ser escalada para tirar vantagem da diferença entre políticos "fascistas" e "sionistas". Esta guerra deve surgir para que o nacionalismo se torne forte o suficiente para estabelecer um estado soberano nos territórios palestinos. Durante a Segunda Guerra Mundial, o comunismo internacional deve se fortalecer para desequilibrar o cristianismo.

A Terceira Guerra Mundial deve ser desenvolvida de forma que aproveite a diferença causada por agentes esclarecidos entre os políticos sionistas (do futuro estado de Israel) e os líderes do mundo islâmico (mundo árabe muçulmano). Em suas palavras: "Esta guerra deve ser travada de tal forma que o islamismo político e o sionismo se destruam mutuamente. Iremos libertar os niilistas e ateus, causaremos um formidável cataclismo social, seu horror mostrará claramente a todas as nações as consequências do ateísmo, origem da selvageria e turbulência sangrenta. Em todos os lugares os cidadãos serão forçados a se defender contra a minoria revolucionária. Vamos exterminar a civilização e a multidão iludida pelo cristianismo".

Albert Pike também foi general da Confederação Americana e cometeu atrocidades de guerra; apesar disso, uma estátua foi erguida em sua homenagem na cidade de Washington D.C.

Elena Petrovna Blavatsky, nascida na Ucrânia com o nome de Hahn Rotten, foi a mulher que mais teve influência nas sociedades de ciências ocultas, sofria de sonambulismo e alucinações. No século 19 ela viajou para o Tibete, ela percebeu que era uma telepata psíquica. Ela foi a autora do livro "doutrina secreta". Ele conta que, quando esteve no Tibete, numa sala secreta de um mosteiro tibetano, leu livros sobre ocultismo, contendo antigos segredos místicos do universo e indicações de um caminho rumo ao futuro. Ele conta que existem sete estágios para a evolução, que ele chamou de raça e raiz do verdadeiro espírito ariano. O próprio Hitler tomou conhecimento de tais teorias e fez a nova era da Sra. Blavatsky funcionar por conta própria, lendo-a como uma chave para a direção da Nova Ordem Mundial. Da leitura de seu livro "Doutrina Secreta" Hitler derivou seu profundo ódio por todos os judeus, considerando-os uma raça inferior que ameaçava a pureza da raça ariana.

Manly Palmer Hall, reconhecido como o melhor filósofo maçônico, autor de cerca de 200 livros, foi líder de muitos grupos religiosos. Ele foi o fundador e presidente da Philosophy Research Society de Los Angeles, Califórnia. Escreveu "A Chave Perdida da Maçonaria", "Ordem Maçônica da Fraternidade" (1950). Manly Palmer Hall escreveu toda a história oculta e sabedoria antiga, ensinando os segredos de todas as épocas. Em seus escritos, ele explicou todas as artes das sociedades ocultas. Após sua morte, ele recebeu o 33º grau do Rito Escocês da Maçonaria.

Francis Bacon, francês, dito Sir de 1590, elaborou um plano detalhado para a colonização da América do Norte. Ele era o adido supremo na sociedade Rosacruz, estabeleceu os Cavaleiros do Capuz, uma sociedade baseada no modelo Rosacruz. Bacon foi um dos principais arquitetos do nascimento da Maçonaria, conforme a como foi descrito pelo autor maçônico Gerge V Tudhope em seu livro "Bacon Freemasonry". Sua visão fala de um novo mundo, de um poder militar que cria uma sociedade secreta que age como um governo invisível, decidindo como liderar o povo. Tudo isso para ser realizado através da manipulação diária de eventos e informações. O plano de trabalho de Bacon, que foi atuado entre os séculos XVI e XVII, não foi extraordinário porque executou os mesmos planos de seus irmãos.

Elice Bailey, uma importante discípula da teosofista russa Helena Blavatsky, fundou o Lucifer Trust em 1920; em 1922, o nome da organização mudou para Luis Trust, mas permaneceu fiel à doutrina e à ciência luciferiana. Aos 15 anos, ela teve sua primeira experiência de um encontro místico enquanto sua família estava na igreja. Contatar um espírito superior, familiares, anjos, professores, é um tema comum na história dos movimentos religiosos proféticos e ocultos ao longo dos tempos. Após seu divórcio, Elice mudou-se para os Estados Unidos em 1917, onde foi introduzida ao conhecimento da teosofia. Seu segundo casamento foi com Foster Bailey (33° grau maçônico do Rito Escocês). Ela se tornou editora do American Theosophist Journal; escreveu 24 livros, incluindo uma autobiografia. 19 de seus livros foram derivados dos escritos de seu professor tibetano Djwhal Khul. Seu pensamento se referia a qual deveria ser o "plano", cujo resultado influenciaria o renascimento de muitos grupos da nova era: a igreja universal e triunfante, o centro da terra de Benjamin Creme, o templo do aprendizado, etc.

Aleister Crowley (1875-1947) foi um esoterista e escritor britânico, maçom; após um período passado no Egito escreveu o livro "The book of the Law".

Crowey recebeu o 33º, 90º e 96º graus do Antigo Rito da Maçonaria. Discípulo de John Yarker em Memphis, Crowley foi influenciado ao longo da sua carreira pelo maçom, que o influenciou. Mudou-se para a Sicília (Itália), para Cefalù, onde elaborou uma "religião mágica", a Thelema, seguida por muitos discípulos. Ele chamou a si mesmo de mago ("a Besta 666"). Ele é considerado o fundador do ocultismo moderno e uma inspiração para o satanismo; ele é considerado uma figura chave na história dos novos movimentos mágicos.

Adam Weishaupt (1748), nascido na Baviera (Alemanha), filho de pai judeu ortodoxo, converteu-se à Igreja Católica. Ele frequentou a escola monástica, mais tarde viveu num internato administrado por jesuítas. Adam fundou a ordem dos "illuminati" em 1º de Maio de 1776 (não é por acaso que 1º de Maio é considerado o dia das bruxas). A Universidade de Ingostadt, na Baviera, foi uma instituição jesuíta de longa data, onde Weishaupt foi professor de Direito Canônico. O termo "illuminati" foi usado pela primeira vez no século XV, para definir as artes ocultas que pretendiam receber a luz diretamente, comunicando-se com algumas fontes superiores através do misticismo. Encontramos o nome "illuminati" na Espanha do século XV: os "Alumbrados" fundaram um movimento místico que uniu antigos motivos heréticos ao humanismo de São Erasmo. Os

Illuminati pretendem promover uma Nova Ordem Mundial com os seguintes objetivos:

1. Abolição de todos os governos
2. Abolição da propriedade privada
3. Abolição da herança
4. Abolição de bens
5. Abolição da família
6. Abolição das religiões
7. Criação de um governo mundial.

Em 1785, um carteiro Illuminati chamado Lanze é atingido por um raio e morre enquanto cavalgava para a cidade de Ratishon. Quando oficiais bávaros saquearam seu saco, descobriram a existência da ordem dos Illuminati. Eles encontraram padrões precisos da revolução francesa, que deveria proceder de acordo com planos detalhados. O governo da Baviera alertou o governo francês sobre o desastre iminente, mas eles não levaram esses avisos a sério. Oficiais bávaros prenderam todos os membros dos Illuminati que encontraram, mas Weishaupt e outros conseguiram escapar.

Mayer Amschel Rothschild (1744-1812), nascido em Frankfurt (Alemanha), filho de Amschel Moses Rothschild conhecido como Bauer (camponês em alemão), um doleiro. Sobre a porta de sua loja pendia um escudo vermelho com seu nome, o emblema dos revolucionários judeus. Da Europa até o leste, junto com seus irmãos, formou um plano que garantiu o controle financeiro na Europa e depois no mundo. Tudo começou quando foi escolhido por Guilherme IX para gerir as suas finanças e negócios, o que fez muito bem, trazendo lucros tanto para o príncipe como para si próprio. Os serviços de inteligência americanos e britânicos têm documentação de como os Rothschilds, juntamente com outros banqueiros internacionais, financiaram as duas facções em guerra da Revolução Americana. Em 1784, os Illuminati foram presos pelo governo da Baviera, que declarou sua vontade de destruir todas as sociedades secretas. Eles apreenderam todos os documentos relativos à implementação da ordem, convencidos de que seu plano era dominar o mundo por meio de revoluções e guerras. Eles estavam tão convencidos e preocupados que publicaram um documento oficial alertando os governos europeus sobre os planos e origens da ordem dos Illuminati. Infelizmente, os governos europeus não deram a devida importância ao comunicado, não levaram a sério os planos revelados pelos Illuminati. Hoje, em 2023, chegamos ao confronto final contra essas forças do mal, que se tornaram, pelo poder do dinheiro, senhores do mundo, da história humana que nunca encontra a verdadeira paz.

Capítulo 3
Breve história da fé cristã

Este diário começa com algumas passagens do Antigo Testamento das Sagradas Escrituras e continua no caminho da fé cristã. Muitas vezes a fé é contada apenas como um fato histórico sem considerar seu valor profundo, a confiança cega da fé verdadeira que se une a Deus. Este diário quer tirar de nossos corações aquela fé inibida, porque pisoteada, distorcida, que é dado de alimento ao poder político, educacional, religioso. A fé é uma relação íntima e mística com o Criador, a relação do filho que escuta e obedece ao pai. Este diário vai caminhar pela história, vai contar acontecimentos verídicos, criando um fio histórico para evitar mal-entendidos ou manipulações da história, para evitar que as consciências que gostam de mascarar a verdade confundam o sagrado com o profano, confundindo o pensamento humano com o pensamento divino, acreditando que Deus raciocina como nós, acreditando que o dom divino de misericórdia e bondade possa ser pisoteado com loucura, desejando e entregando-se a prazeres pecaminosos. Antes de iniciar esta jornada, pedirei a Deus que me envie ajuda do céu para me manter no caminho certo. A verdadeira história da fé é a história dos sacrifícios, que começou simbolicamente com o sacrifício de cordeiros em ação de graças a Deus pelo dom da vida. Com o cristianismo, o sacrifício assume dimensões místicas, através do jejum, da renúncia à própria vida, do arrependimento dos próprios pecados, da oração por si e pelo próximo.

São Rafael é o remédio de Deus, um dos sete espíritos que estão sempre prontos para entrar na presença da majestade do Senhor. Farei a viagem com ele. Não se preocupe, sairemos com saúde e voltaremos com saúde porque a estrada é segura. Vamos trilhar o caminho da fé.

Abraão casou-se com Sara; O primeiro filho de Abraão foi Ismael, gerado pela serva Hagar porque Sara era estéril. Abraão nunca acreditou em tantas divindades, mas na existência de um único Deus. Um dia Deus lhe disse: "Abraão, olhe de norte a sul, de leste a oeste, tudo o que você vê será seu". Em outra revelação, Deus disse que Abraão daria uma descendência tão numerosa quanto as estrelas e os grãos de areia. Dez anos se passaram e Deus enviou anjos a Abraão, que lhe disseram que Sara teria um filho depois de um ano. Sarah, ela riu, Deus disse a ela: "Existe alguma coisa que o Senhor não possa fazer? Você dará à luz um filho para Abraão e o chamará de Isaque, que significa aquele que ri". Deus manteve sua promessa depois de um ano Sara teve seu filho Isaque. Deus revelou a seu amigo que os Anjos iriam às cidades de Sodoma e Gomorra para destruí-las. Abraão orou a Deus para não o fazer, por causa dos justos. Na responsabilidade pelo outro homem está a minha singularidade (E. Levinas). Mais tarde, Deus, para testá-lo, pediu-lhe que sacrificasse seu filho Isaque: Abraão obedeceu e quando ele estava prestes a fazer o sacrifício, já segurando a faca, um anjo do Senhor desceu para impedi-lo e mostrou-lhe um carneiro para ser imolado como um sacrifício substituto. Abraão foi o primeiro a nos mostrar fé e temor a Deus, abrindo mão do amor por Isaque para obedecer ao mandamento do Senhor. Abraão o pai da fé no único Deus. Então a linhagem de Abraão continuou com Isaque, Jacó e José. Este último, depois de ser escravo dos egípcios, tornou-se administrador do faraó, fez viver com ele seu pai e irmãos e todos os seus descendentes, deu-lhes uma propriedade no território de Ramsés.

Por muitos anos judeus e egípcios viveram em paz, mas com a sucessão de novos faraós, os judeus se tornaram apenas escravos do Egito, esperando o libertador entre sofrimentos e lágrimas. Faraó também sabia dessa profecia, então ele decretou que todos os homens nascidos judeus fossem mortos. Uma criança colocada em uma cesta foi deixada para navegar nas águas do Nilo e chegou ao palácio do faraó. Sira, a irmã do Faraó, o encontrou e secretamente adotou a criança como seu próprio filho, chamando-o de Moisés. Faraó também teve um filho chamado Ramsés. Com o tempo Moisés descobriu que sua verdadeira mãe era judia, tomando conhecimento da escravidão e do sofrimento em que viviam seus próprios irmãos. Moisés foi acusado perante o faraó por Ramsés de ser filho de judeus e de ser o libertador dos judeus. Faraó mandou expulsar Moisés do Egito, deixando-o atravessar o deserto sem comida, uma façanha impossível, mas Deus lhe deu forças para isso. Moisés de filho de Faraó tornou-se pastor de ovelhas e casou-se com Zípora. No Monte Oreb ele recebeu o chamado do

Senhor, tornando-se um embaixador de Deus para libertar o povo judeu.

Enquanto isso, no Egito, o faraó morreu e seu filho Ramsés assumiu o poder. Moisés apresentou-se perante faraó, que lhe perguntou que presentes trazia, ele respondeu: "Trago a palavra de Deus, que me disse para tirar o meu povo do Egito". Ramsés recusou-se a conceder isso; Deus então enviou pragas ao Egito: Ramsés, incapaz de lutar contra os castigos que vinham do céu, libertou o povo judeu, que mais tarde se tornou o povo de Israel. Ramsés, ferido em seu orgulho, perseguiu com seu exército os judeus que fugiam para matá-los e persegui-los. Moisés, com ajuda divina, abriu as águas do mar, permitindo assim que seu povo o atravessasse; as águas então se fecharam novamente, finalmente submergindo o exército faraônico que os perseguia.

Após meses de viagem, o profeta chegou ao Monte Sinai, onde recebeu as tábuas da lei de Deus e puniu seu povo por adorar um bezerro de ouro.

O povo de Israel, avançando no deserto, depois de um tempo começou a reclamar do que Deus estava fazendo por eles.

Moisés já não sabia o que fazer, tentou de todas as formas explicar ao seu povo a bondade e a misericórdia de Deus, mas em vão. Então Deus enviou um castigo: muitas cobras venenosas apareceram e começaram a matar pessoas. Muitos pediram a Moisés que implorasse a Deus que afastasse as cobras venenosas. Moisés orou a Deus, que lhe disse para construir uma cobra de bronze para colocar em cima de uma vara, para que quem olhasse para esta cobra fosse curado: claro que não era a cobra que curava, mas a fé.

Deus disse ao povo de Israel: "Enquanto guardarem os meus mandamentos, poderão viver sem pecado".

Na história bíblica, cerca de mil anos se passaram de Abraão a Moisés, até a história dos Reis e houve outros profetas. Isaías profetizou a vinda de Jesus Cristo: "o povo que andava em trevas viu uma grande luz; sobre os que habitavam na terra das trevas uma luz brilhou" (Isaías 9:1).

"O espírito do Senhor Deus está sobre mim porque o Senhor me ungiu; enviou-me para trazer boas-novas aos necessitados, para curar as feridas dos quebrantados de coração, para proclamar liberdade aos cativos, libertação aos cativos" (Isaías 61:1); Porque um menino nos nasceu, um filho nos foi dado. Sobre seus ombros está o sinal da soberania e é chamado: Conselheiro Admirável, Deus Forte, Pai da Eternidade, Príncipe da Paz; (Isaías 9:5). Jesus disse aos seus discípulos: *"Nem todo aquele que me diz: 'Senhor, Senhor' entrará no reino dos céus, mas aquele que faz a vontade de meu Pai que está nos céus"* (Mt 7:21).

"O Espírito do Senhor repousará sobre ele: o espírito de sabedoria e entendimento, o espírito de conselho e força, o espírito de conhecimento e o temor do Senhor" (Isaías 11:2)

"Como um pastor, ele apascenta o rebanho e com o braço o reúne; ela carrega os cordeirinhos no peito e conduz lentamente as ovelhas". (Isaías 40:11). Homem da dor, familiarizado com o sofrimento. Pobre daquele que se esconde do Senhor. Pobre daquele que se afasta daqueles que não têm beleza para desejar.

Jesus também levou sobre si as nossas doenças, as nossas dores. Ele foi traspassado por nossas transgressões. O castigo pelo qual temos paz caiu sobre ele; graças às suas feridas fomos curados. O Eterno o indicou para dar boas novas, para interceder pelos transgressores, para abrir a prisão aos presos e para ligar os que têm o coração quebrantado. Jesus não vê o rosto das pessoas, mas lê seus corações, não ouve apenas a oração das palavras, mas sobretudo a de quem faz a vontade de Deus: por isso, cada um deve examinar a si mesmo, porque ninguém pode enganar Jesus Cristo disse: *"Eu sou o Caminho, a Verdade e a Vida, eu sou o Alfa e o Ômega, o princípio e o fim"* (Ap 22.13), passado, presente e futuro.

O Cristianismo

Jesus crucificado deu tudo de si e também nos ofereceu sua mãe Maria. "Como Moisés levantou a serpente no deserto, assim importa que o filho do homem seja levantado, para que todo aquele que nele crer tenha a vida eterna" (João 3:14-15). Jesus venceu a morte por nós e por aqueles que o acolhem com fé e permitiu que o homem renascesse para a vida eterna. "Ó morte, onde está a tua vitória? Ó morte, onde está o seu aguilhão?" (1 Coríntios 15:55).

Os Apóstolos de Jesus

Jesus disse: *"Eu estarei convosco até o fim dos tempos"*. Após a morte e ressurreição de Jesus, antes de ascender ao Pai, ele conheceu seus apóstolos. Ele os abraçou, dizendo-lhes paz duas vezes, depois soprou sobre eles o Espírito Santo e disse: *"Ide e pregai o reino de Deus, a quem perdoardes os pecados será perdoado, a quem não perdoardes os pecados será perdoado"*.

Os onze apóstolos eram Pedro, André, Tiago, Zebedeu, João, Filipe, Bartolomeu, Tomé, Mateus, Tiago D'Alfeo, Tadeu; Judas, que havia traído Jesus, não era mais considerado um apóstolo. A história da caminhada do cristianismo, a nossa história, a história da roda do mundo começa com o anúncio do reino de Deus. Os discípulos pregavam de cidade em cidade anunciando as boas novas, mas os sumos sacerdotes com seus guardas perseguiam os hereges, os nazarenos, os apóstolos de Jesus.

Um chefe da guarda, um certo Saulo de Tarso, era um feroz perseguidor dos cristãos, convencido de que os cristãos eram apenas hereges das sagradas escrituras. No caminho para Damasco, enquanto Saulo caçava os discípulos, de repente foi cegado por uma forte luz, caiu do cavalo e ficou cego quando ouviu uma voz que lhe gritava *"Saulooo, Saulooo, por que você está me perseguindo?"* Saulo perguntou quem ele era e a voz respondeu *"Eu sou Jesus, aquele que você está perseguindo, entre na cidade de Damasco e eles lhe dirão o que fazer"*.

Saulo obedeceu, ali foi tratado, voltando a ver, depois foi batizado, tornando-se o décimo segundo apóstolo escolhido por Deus, e tomou o nome de Paulo.

A história de Paulo é a nossa história quando vivemos em pecado, pisoteando, blasfemando, perseguindo, profanando as leis e as obras de Deus.

Não acrescentarei mais nada porque não sou teólogo; meu trabalho não é buscar a verdade espiritual porque a verdade é Jesus e eu não preciso procurá-la. Procuro fatores e fatos históricos para analisar, ou procuro fazer um exame de consciência para entender o que aconteceu e está acontecendo no complexo mundo da vida humana, entre conquistas de territórios, evolução, materialismo, progresso, ciência e espiritualidade, entre comportamento sobrenatural comportamento da verdadeira e pura espiritualidade de Deus e comportamento da falsa e pervertida espiritualidade sobrenatural de origem maligna. Antes de continuar, é bom lembrar que o ser humano nada pode fazer sem Deus. Pobre de você se não conhece nada melhor, o diabo existe, ele gira a roda do mundo com pecado, vícios, mentiras, poder, dinheiro, cultos e ritos satânicos. Pobre de você se ignora esta existência que impede a proteção Divina, à qual você pode recorrer.

Agora passo a passo entramos nas entranhas da história: 2023 anos de luta contra o mal que nossos mártires, homens santos de boa vontade, enfrentaram com fé e boa vontade.

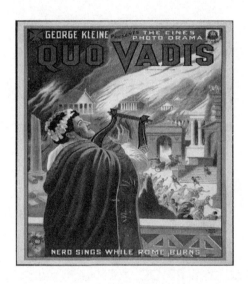

Em 64 DC. o imperador Nero queimou Roma, culpando então os cristãos que foram os primeiros mártires massacrados no Coliseu romano. Pedro, que naquela época pregava em Roma, vendo o martírio que os cristãos sofriam, sentiu que sua presença ali era inútil, então decidiu deixar Roma, acompanhado de uma criança chamada Nazzario. Na Via Ápia viu uma luz, reconheceu a luz de Jesus, ajoelhou-se e disse: "Quo Vadis Domine?", a voz (de Jesus através) de Nazzario disse: "Vou a Roma para ser crucificado segunda vez, meu povo ele precisa de mim." Pedro entendeu e voltou a Roma para estar perto de seus fiéis. Do Evangelho segundo Mateus (5,13): naquele

53

tempo, Jesus disse aos seus discípulos: *"Vós sois o sal da terra; mas se o sal se tornar insípido, com que será salgado? Para nada mais presta senão para ser jogado fora e pisado pelos homens"* (este é o problema hoje na igreja).

Pedro foi preso e em 67 DC. foi crucificado de cabeça para baixo em uma colina (por sua vontade), após o que o corpo foi recuperado e foi escondido sob pedras perto de uma colina, iniciando a igreja anunciada por Jesus a Pedro com a frase (Mateus 16:18) *"E eu te digo: Tu és Pedro e sobre esta pedra edificarei a minha igreja e as portas do inferno não prevalecerão contra ela"*. Acontece que Paulo morreu como mártir em Roma no mesmo ano. Todos os outros apóstolos morreram mártires, exceto João, que escreveu o livro do Apocalipse. O caminho cristão também tinha entre seus objetivos a luta contra o mal; satanás, que havia perdido sua batalha primeiro no céu e depois na terra com Jesus, perseguiu os cristãos, que foram dados aos leões, enviados para lutar contra os touros, crucificados e usados como tochas para iluminar os shows noturnos no coliseu que continha 70 mil pessoas.

Em 68 DC. Nero morreu, mas os cristãos continuaram a ser martirizados nos jogos do Coliseu por mais de 50 anos, ao grito da multidão "christãos ad leonem!".

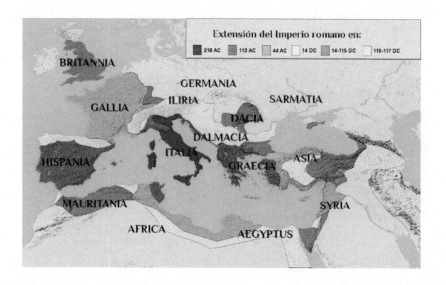

O Império Romano em 140 DC atingira sua expansão territorial máxima. O cristianismo espalhou-se para outros países europeus, mas sempre como um culto perseguido e martirizado. O número de seus seguidores aumentava constantemente: quanto mais cristãos eram mortos, mais os crentes se aproximavam dessa religião, era o período de praticar a verdadeira fé. Os romanos perceberam que os cristãos não constituíam um perigo para Roma, pelo contrário, reconheceram nesta religião a doutrina do perdão, do amor ao próximo, por isso decidiram não mais persegui-los. Muitos soldados se tornaram cristãos. O imperador Constantino em 312 DC. teve que enfrentar uma difícil batalha contra Maxêncio: enquanto dormia em sonho viu uma cruz com a inscrição "in hoc signo vinces" (sob este signo vencerás). Constantino venceu a batalha, foi a vitória do cristianismo contra o paganismo.

Constantino era imperador do Ocidente e senhor do Oriente. Em 11 de maio de 330 d.C. ele fundou a nova Roma, chamando-a de Constantinopla, sobre as cinzas da cidade anterior, Bizâncio. Por volta de 313 d.C. ele proclamou a liberdade geral para o culto de todas as fés, todas as religiões, devolvendo também os bens confiscados.

Em 325 DC. o primeiro conclave foi realizado, criando uma aliança entre o Império Romano e o cristianismo. Também a recitação do "Credo" começa nas comunidades cristãs.

Oração
CREIO EM DEUS PAI

Creio em Deus Pai todo-poderoso,
Criador do Céu e da Terra,
E em Jesus Cristo, seu único Filho, nosso Senhor.
Que foi concebido pelo poder do Espírito Santo,
Nasceu da Virgem Maria,
Padeceu sob Pôncio Pilatos,
Foi crucificado, morto e sepultado,
Desceu à mansão dos mortos,
Ressuscitou ao terceiro dia,
Subiu aos Céus,
Está sentado à direita de Deus Pai todo-poderoso,
De onde há de vir a julgar os vivos e os mortos.
Creio no Espírito Santo,
Na santa Igreja Católica,
Na comunhão dos Santos,
Na remissão dos pecados,
Na ressurreição da carne, e na vida eterna.

Amém!

Em 337 Constantino morreu; hoje três igrejas (Grécia, Rússia e Armênia) consideram Constantino um santo. Os cristãos ganharam liberdade e foram reconhecidos por Roma. Esta última, no século IV, era uma cidade de pensamento livre onde cada saber se encontrava com o outro através da arte do diálogo para convencer o povo a ter uma unidade social e política, evitando assim revoltas. A sociedade estava dividida entre paganismo, verdadeiros cristãos e donatistas. Ambrósio, bispo cristão, tentou converter um excelente orador da corte, como Agostinho, que buscava a verdade através da observação da realidade, com seus estudos e com seu modo de pensar. A princípio, Agostinho não se deixou influenciar pelo bispo Ambrósio; mais tarde, ferido por sua própria experiência pessoal, recordou as palavras do bispo, que havia dito: "a verdade se encarna quando alguém a procura". Santo Agostinho sofreu uma crise moral e emocional por três motivos: a primeira crise foi quando sua amada, Calida, teve que fugir à noite deixando o filho que haviam concebido juntos; eles não poderiam ter se casado porque Calida era uma escrava. Para não atrapalhar sua vida e carreira, ela fugiu por amor abrindo mão de tudo. A segunda decepção diz respeito à mãe, Santa Mônica, cristã fervorosa: Santo Agostinho foi contra a fé da mãe, fazendo-a sofrer por causa de suas ambições. A terceira decepção foi a morte do próprio filho. Uma vez convertido, Agostinho foi batizado e mais tarde tornou-se bispo. Naquela época havia outro grupo cristão, chamado "Donatista", que provocou uma guerra civil contra os cristãos católicos. Santo Agostinho, para evitar a guerra, reuniu-se com o bispo donatista Sidônio para levar a julgamento suas diferenças de fé e pôr fim à querela em nome da verdade, acertando pactos. O primeiro pacto era que o vencedor deveria ser apenas uma das duas facções, os crentes da facção perdedora seguiriam as crenças dos da facção vencedora; o segundo acordo foi que Santo Agostinho não participou da discussão, por ser reconhecido como o melhor orador de Roma; o terceiro pacto foi a escolha de um juiz neutro e imparcial, escolhido pelos dois bispos. Assim começou o primeiro conselho, em um tribunal público diante de uma multidão de pessoas. Sidônio foi o primeiro a falar, sem falar das verdades cristãs, falando da vida de Santo Agostinho, do seu passado, do homem que sempre foi contra as verdades de Cristo e agora era um bispo cheio de faltas e pecados. Santo Agostinho tomou a palavra dizendo: "Decidi não participar do debate, mas como me tornei o foco das acusações, sinto que é meu dever intervir. Sidônio tem razão: é verdade, eu era ambicioso, lascivo, egoísta. Mas Deus deu-me uma mãe que não merece minha ambição, Deus deu-me uma mulher e ela me mostrou que amar é abrir mão de si mesmo, Deus deu-me um filho e meu orgulho me levou a acreditar que foi criado na minha imagem, Deus o tirou de mim para me mostrar que ele foi criado à imagem de Deus. Ambicioso, lascivo, egoísta é verdade eu era e ainda sou como todos nós somos. Nenhum de nós está sozinho, mesmo nos momentos mais desesperados. Deus está sempre próximo; Deus é mais irmão do que irmão, mais amigo do que qualquer amor". O juiz, depois de ouvir e meditar, proclamou a vitória dos cristãos, Santo Agostinho venceu sua luta contra os donatistas fazendo com que todos se tornassem cristãos. Durante o primeiro período de sua vida espiritual, ele escreveu suas "Confissões".

Após a divisão das duas Romas no Saque de Roma (em 410), a dos vícios e a das virtudes, Santo Agostinho escreveu de 413 a 426 "A cidade de Deus", deixando claro que não existem duas cidades, um pagão e outro cristão, mas que a cidade de Deus está dentro de nós. Enquanto isso, os romanos estavam se arruinando com as próprias mãos. O que eles chamavam de virtudes eram vícios. Roma era a Babilônia do Ocidente: a parte do Império Romano do Oriente foi dividida da do Ocidente, que ao longo de seu desenvolvimento passou de um estado selvagem para um estado cultural e civilizado, produzindo a consumação, destruição, desolação do império.

Em 455 a cidade de Roma foi conquistada e saqueada pelos vândalos, perdendo tesouros, cultura, arte, escolas e trabalho.

Cristãos e jovens romanos viviam divididos e sem futuro. O Império Romano chegou ao fim abrindo as portas de uma nova era.

Alta Idade Média

A vida seguia com o trabalho da agricultura e da pecuária, os jovens tinham perdido a escola, o trabalho, qualquer tipo de educação cultural, o futuro tornava-se incerto, não tinham professores. Em 500 anos a igreja teve 50 papas e 48 santos; os cristãos, consideravelmente aumentados em número, construíram igrejas e mosteiros. O Cristianismo, entre o martírio e as perseguições, tinha em todo caso divulgado a verdadeira doutrina de Jesus Cristo; os cristãos trabalhavam vivendo entre si como irmãos, praticando também o culto mariano. O cristianismo nasceu para ajudar os outros nos momentos mais difíceis. Esta era a igreja que estava sendo construída para o futuro da humanidade, a igreja que tinha que lutar contra demônios, espíritos imundos, maldade, realidade e verdade crua lutando contra o bem. O objetivo deste diário é justamente dar a conhecer o que é ignorado e que nos torna vítimas (e muitas vezes até servos) do mal.

Um monge que tinha dons de clarividência, Benedito, queria ajudar os jovens, mas primeiro foi ele mesmo quem se trancou em um mosteiro para estudar e aprender todos os conhecimentos. Frei Benedito, quando julgou chegado o momento oportuno, começou a recuperar e a ensinar muitos jovens, que prontamente o seguiram em grande número, descobrindo os verdadeiros valores, a verdade, a fé cristã, que guardava todo saber e dava esperança às novas gerações. Outros monges hereges, vendo a multidão de jovens que o seguiam, por inveja tentaram envená-lo. Em 529 refugiou-se no mosteiro de Monte Cassino (Frosinone), fundando o "governo beneditino". Seu pensamento consistia em imitar a filosofia romana do trabalho e uni-la à cristã. Ele mandou esculpir duas pedras: "Ora et Labora" (orar e trabalhar). Na ordem de São Bento os princípios e conceitos de humanismo, renascimento, agricultura, arte (pintura, escultura, arquitetura), música, engenharia, astronomia, história, matemática, preservação de alimentos, história, grego, latim, navegação, leitura de mapas. A Itália deve muito a este santo que foi o mestre do renascimento. San Benedetto (São Bento) é o santo padroeiro da Itália e da Europa.

Em 1617, numa gruta da Alemanha, foi encontrada uma medalha que se tornou célebre, uma cruz com a fórmula "vade retro satana".

A luta contra o diabo não é uma invenção esquizofrênica minha, é a verdade, é a própria história da luta entre o natural e o sobrenatural. Entre os séculos V e VI (conhecido como período da "decadência") a Itália via seus territórios como campos de batalha, não era livre, mas escrava da dominação francesa e espanhola, duas nações que direta ou indiretamente possuíam e administravam seu território, dividindo-o entre o Ducado dos Medici, o Ducado de Saboia (que impunha o serviço militar obrigatório) e o estado de Veneza, que tinha duas forças ativas, a política e a igreja. No século VII da era cristã, a religião islâmica foi criada na Arábia pelo profeta Maomé. Este profeta proclamou uma religião monoteísta muito próxima do cristianismo e do judaísmo. Maomé acusou cristãos e judeus de serem infiéis, alegando ser o último profeta, levando seus seguidores a rebelar-se contra o cristianismo desenfreado e, assim, fomentar tumultos e guerras. Com a chegada de Carlos Magno, o Sacro Império Romano nasceu em 1800. Carlos Magno compreendeu a importância da cultura ao cultivar o renascimento das artes e das ciências, desenvolvendo o sistema monetário, mandando construir grandes catedrais, dominando todo o ocidente, iniciando a primeira fase da história do Sacro Império Romano.

Carlos Magno morreu em 814. A partir desse período, século após século o cristianismo sofreu grandes ataques de demônios, os valores cristãos foram usados para ganhar poder. Por volta de 882 no Sacro Império Romano nasceu a história negra dos papas.

O século IX foi o período de desenvolvimento do feudalismo, com a construção de castelos e o nascimento da classe dos cavaleiros.

Baixa Idade Média

Em 1054 ocorreu o cisma, a igreja ortodoxa bizantina separou-se da igreja de Roma, que no mesmo ano contava sua história através de 152 papas, 71 santos e uma série contínua de anti-papas. A igreja passou por reformas notáveis. Os nobres compravam os ofícios a juros, a simonia e o concubinato estavam presentes na igreja cristã.

De 1096 a 1099 ocorreu a primeira cruzada conhecida como a Guerra Santa. Jerusalém foi reconquistada, mas os cristãos realizaram massacres de árabes. A igreja sofreu, entre heresias, falsos bispos e antipapas. O cristianismo sofreu um duro golpe na fé. Deus decidiu enviar seus guerreiros em defesa da fé, contra as ciladas de satanás.

No século XII, São Bernardo de Chiaravalle, na França, empreendeu a luta pela reconquista do verdadeiro cristianismo, lutando contra os falsos bispos; na Alemanha, uma freira, Santa Hildegard, empreendeu a mesma luta. Santa Hildegard também escreveu uma grande obra espiritual, "Sci Vias Domini" (Conheça o caminho de Deus), conhecimento moral que separa os vícios das virtudes.

De 1147 a 1149 houve a segunda cruzada: as tentativas de recuperar os territórios reconquistados pelos muçulmanos falharam.

De 1189 a 1192 foi empreendida a terceira cruzada: a tentativa de reconquistar Jerusalém falhou.

De 1202 a 1204 foi travada a quarta cruzada: os cruzados pararam em Constantinopla e a saquearam por ordem de Veneza.

As guerras de heresia também começaram, o que opôs cristãos contra cristãos. Os sinos sempre tocavam para uma nova guerra. Um homem chamado Francesco participou da guerra entre Assis e Perugia, foi ferido em batalha, capturado e preso. Um amigo de cela lhe contou através de um livrinho escrito em língua vernácula, a vida de Jesus e suas palavras. Antes da guerra contra os perugianos, Francisco preparava-se para partir para a quarta cruzada. Após um ano de prisão, seu pai pagou o resgate e Francesco foi libertado. Através das leituras do Evangelho, Francisco foi marcado por um profundo amor pela vida, pela natureza e pelo amor ao próximo. Francisco entendeu que as verdades da Igreja foram sufocadas pelo dinheiro e pelo poder, que criaram tanta miséria humana, guerras, rebeliões, heresias. A alma de Francisco foi inundada por um espírito de caridade, que o levou a dar um rosto verdadeiro à espiritualidade da Igreja que estava desmoronando devido às suas obras perversas. Francisco escolheu despir-se diante de uma multidão de pessoas, ficando nu, para revestir a Igreja com uma riqueza moral e espiritual de caridade e amor ao próximo, ensinando literalmente o Evangelho, tal como o tinha lido e aprendido naquele livrinho escrito em vernáculo. Francisco (mais tarde viria a ser santo) e outra freira da época, Santa Chiara, trouxeram a luz de Deus de volta às trevas daquele período espiritual cheio de demônios.

Francisco pediu permissão ao papa para pregar o evangelho textualmente com seus confrades. Em 1225 nasceu a ordem franciscana a serviço de Nossa Senhora da Pobreza. Alguns estudiosos pensam que as orações do Santo Rosário tiveram origem no século XII, quando consistia em 150 Ave-Marias representando um feixe espiritual de 150 rosas oferecido à mãe de Deus e à vida de seu filho Jesus. O Santo Rosário substituiu os 150 salmos e os 150 Pais-Nossos que os monges rezavam todos os dias em turnos. Francisco participou da guerra das cruzadas, encontrando-se com o sultão e propondo-lhe a paz, mas este respondeu que a paz não dependia dele. A ordem franciscana não se baseava em regras racionais, mas apenas no amor, que sabia abraçar os pobres, bandidos e doentes. São Francisco, antes de morrer em 1226, escreveu o Cântico das criaturas.

Cantico delle Creature

Altissimu, onnipotente, bon Signore,

Tue so' le laude, la gloria, l'honore et onne benedictione.

Ad te solo, Altissimo, se konfano et nullo-homo ene dignu te mentovare.

Laudato sie mi' Signore, cum tucte le tue creature, specialmente messer lo frate sole, lo quale iorno et allumini noi per loi;

El ellu è bellu e radiante cum grande splendore: da te, altissimo, porta significatione.

Laudato si', mi' Signore, per sora luna e le stelle; in celu l'ài formate clarite et pretiose et belle.

Laudato si', mi' Signore, per frate vento, et per aere et nubilo et sereno et onne tempo, per lo quale a le tue creature dai sustentamento.

Laudato si', mi' Signore, per sora aqua, la quale è multo utile et humile et pretiosa et casta.

Laudato si', mi' Signore, per frate focu, per lo quale enallumini la nocte; et ello è bello et iocundo et robustoso et forte.

Laudato si', mi' Signore, per sora nostra matre terra, la quale ne sustenta et governa, et produce diversi fructi con coloriti fiori et herba.

Laudato si', mi' Signore, per quelli ke pedonano per lo tuo amore, et sostengo 'infirmitate et tribulatione;

beati quelli kel sosterranno in pace, ka da te, Altissimo, sirano incoronati.

Laudato si', mi' Signore, per sora nostra morte corporale, da la quale nullu homo vivente po skappare: guai acquelli ke morrano ne le peccata mortali; beati quelli ke trovarà ne le tue sanctissime voluntati, ka la morte secunda nol farrà male.

Laudate et benedicete mi' Signore, et rengratiate et serviateli cum grande humilitate.

São Francisco foi o autor do primeiro presépio. Conheceu António, um teólogo de Portugal, que queria pregar a palavra de Deus, António ao ouvir Francisco pregar sobre a necessidade de ser "ignorante" para servir ao Senhor, sentiu-se humilhado, reconhecendo que não era assim. Francisco notou que António era um bom teólogo e o encarregou de pregar o evangelho. Fernando Martins de Bulhões, conhecido por António de Pádua, nascido em Lisboa a 15 de agosto de 1195, renunciou ao seu amor pessoal, aos títulos imobiliários que possuía, à guerra das cruzadas contra os muçulmanos, para abraçar a fé cristã. O que saboreamos na contemplação de Deus se inflama de calor no amor ao próximo. Só assim nosso rosto brilhará como o sol. O sopro da vida e a graça do Espírito Santo, Deus os infunde na face da alma e não há dúvida de que a alma ressuscitará dos mortos. São Francisco e Santo António foram os Sacos de Deus, trouxeram toda a verdade da igreja, de Jesus, contra o mal. Eles têm sido portadores de milagres, graças espirituais em um período sombrio da igreja.

De 1217 a 1221 houve a quinta cruzada, nada significativo.

De 1228 a 1229 houve a sexta cruzada, com a reconquista de Jerusalém e outras cidades.

De 1248 a 1250 há a sétima cruzada, a tentativa de reconquistar Jerusalém falha.

Em 1270, durante a oitava cruzada, uma epidemia matou metade do exército de Túnis.

Em 1291 a era das Cruzadas terminou com a queda nas mãos dos turcos da fortaleza de San Giovanni d'Acre, nos territórios do atual Israel.

Marco Polo, no século XIII, empreendeu uma viagem pela rota da seda na Ásia; ele não tinha mapa, não fazia ideia de para onde exatamente estava indo, mas era guiado pela providência. Chegou à China, foi bem recebido, trocando conhecimentos do Ocidente com os do Oriente, também deu a conhecer a nossa cultura cristã. Após vinte anos voltou a Veneza, reunindo suas memórias e experiências de viagem no livro "Il Milione", um texto repleto de informações sobre as culturas orientais.

Enquanto isso, um período de extenso desenvolvimento cultural e científico havia começado na Itália.

Em Florença, em 1265, nasceu Dante Alighieri, poeta, escritor e político, conhecido em todo o mundo por sua obra literária "A Divina Comédia" dividida em três livros, "Inferno", "Purgatório" e "Paraíso". Dante em sua sabedoria descreveu as três visões literárias com base na sua experiência, fazendo de sua vida pessoal a vida de cada um de nós.

O Papa Bonifácio em 1302 decretou: absolutamente necessário para a salvação de toda criatura humana estar sujeita ao pontífice, ou seja reconhecer a máxima e total obediência à autoridade papal. Assim também foi decretado que a sentença final de qualquer processo religioso deveria caber ao Papa, e assim a Igreja continuou a reivindicar seu poder sobre as almas, enquanto os santos faziam ouvir a voz de Deus.

Avete taciuto abbastanza. E'
ora di finirla di stare zitti!
Gridate con centomila lingue.
Io vedo che a forza di silenzio
il mondo è marcito.

Santa Caterina da Siena

Os séculos XIV e XV foram períodos de grandes mudanças sociais, lutas políticas e religiosas. Este período foi mais uma página negra na história da igreja: o diabo, depois da história negra dos papas, das guerras das cruzadas, criou o terror, o inferno na terra, iniciando por volta de 1429 na Espanha o que foi chamado de "a caça às bruxas" especialmente voltado para a perseguição de mulheres.

Um tribunal de inquisição já havia sido estabelecido desde o final do século XII para combater heresias e outros movimentos espirituais, como o dos cátaros na França. Em 1252, o Papa Inocêncio IV, com uma bula papal, autorizou o uso da tortura nos interrogatórios; mais tarde, o Papa João XXII ampliou os poderes da inquisição na luta contra a feitiçaria. Os tribunais da Inquisição foram criados tanto na Espanha quanto em Portugal, posteriormente estendidos às colônias da América Central e do Sul a pedido dos soberanos Fernando e Isabel. Mais tarde, para melhor combater a reforma protestante, em 1542 o Papa Paulo III estabeleceu a Inquisição Romana, ou a "Congregação da Sagrada Inquisição do Santo Ofício", que também incluía frades dominicanos e franciscanos. O veredicto foi exposto na porta das santas igrejas como o "Edital do Santo Ofício", para que ninguém pudesse ignorá-lo. Espada, oliveira e cruz eram os símbolos da caça às bruxas. Do século 15 ao 18, milhões de pessoas, principalmente mulheres, foram queimadas na fogueira. Durante a guerra de 100 anos entre a França e a Inglaterra, Joana d'Arc, depois de ter lutado e vencido os ingleses, foi queimada como herege em 1431. A história de Joana d'Arc é um dos mistérios mais complexos da história da igreja, que a canonizou como santa em 1920.

Este clima de terror terminou em 1785, quando se estabeleceu que, nos processos da inquisição, a decisão final cabia à cúria romana.

A descoberta da América

Um navegador genovês, Cristóvão Colombo, queria encontrar uma rota marítima para chegar às Índias. Para financiar a sua expedição pediu ajuda ao rei de Portugal, que negou o seu consentimento, pelo que recorreu aos soberanos de Espanha. Aqui a Rainha Isabel ofereceu-lhe três caravelas, a Santa Maria, a Pinta e a Nina, em troca do ouro que encontrasse nas suas viagens, era o que mais interessava naquele período de expansão das finanças e do comércio.

O novo mundo foi descoberto em 1492, eles encontraram pouco ouro, então decidiram enviar nativos como escravos em vez de ouro. As expedições subsequentes encontraram grandes quantidades de ouro. O novo mundo, agora chamado de América, introduziu um novo estilo de comércio, uma nova visão do futuro, abrindo as portas para a era moderna.

As explorações geográficas, a luta contra os nativos, permitiram, para além do comércio normal de mercadorias, também o transporte de escravos que eram capturados em África e trazidos para o novo continente, num período em que Espanha, Portugal, Inglaterra, Holanda tinham supremacia no campo marítimo.

Um período em que, enquanto a ciência avançava com suas descobertas, tanto os escravos quanto os indígenas remanescentes sofriam uma evangelização forçada; a religião cristã era uma potência mundial colonial. No Renascimento, o poder político europeu via o cristianismo como uma força de poder.

Martinho Lutero, um monge alemão que havia feito votos na ordem agostiniana, depois de sua experiência espiritual veio para Roma. Foi o período em que Michelangelo pintou a Capela Sistina em Roma e Raffaello encheu Florença e Roma com suas obras. Lutero era um reformador, queria reformar a igreja católica, mas foi excomungado pelo papa Leão X. Martinho Lutero fez sua revolta, dando origem a igreja protestante. É muito difícil entender a verdade sobre Martinho Lutero, existem muitas versões de sua história, mas certamente sua reforma nada teve a ver com uma consciência espiritual, mas foi movida unicamente por motivações pessoais ou políticas, as mesmas que deram origem a revoluções e guerras em todo o mundo. Foi outra forma de cruzada que opôs cristãos verdadeiros a cristãos heréticos, aproveitando-se de uma igreja "abusiva" que se alinhava mais com o novo mundo do que com Deus. O cristianismo parecia ser fiel ao seu credo apenas em palavras, mas na realidade ele estava impregnado de poder político e financeiro. A verdadeira fé trabalhou secretamente para manter viva a igreja dos santos, que perdeu mais uma fatia de seus fiéis, dividindo-se como já havia ocorrido na igreja ortodoxa. Cristãos contra cristãos, um contra o outro em guerra.

Praça de São Pedro, Roma

As descobertas científicas de Galileu Galilei contribuíram para o desenvolvimento e progresso do humanismo. A igreja da época entrou em conflito com as afirmações científicas de Galileu Galilei, iniciando a oposição às teses científicas propostas. Em Roma, em 1667, terminou a construção da basílica de São Pedro (como a vemos hoje). Dentro dela passou toda a história do Cristianismo, a começar pela primeira pedra que enterrou o apóstolo Pedro, o primeiro Papa em 67 DC. Uma obra única e irrepetível, por onde passaram bilhões de peregrinos para rezar, bilhões de curiosos para observar a obra divina manifestada pelo talento humano. Dentro dela passaram coisas boas e ruins, dúvidas e incertezas que jamais podem ser confundidas com mitos ou superstições. Uma simples pedra deu origem a uma construção colossal, pois Jesus disse *"tu és Pedro e*

sobre esta pedra edificarei a minha igreja". Entretanto houve mártires, perseguições, vandalismo, uma sucessão de papas negros e santos. As armadilhas de No entanto, o diabo não impediu a igreja, o cristianismo, a fé e toda a obra misericordiosa de Deus e a misericórdia de Maria.

No século XVIII a Igreja continuou seu caminho sabendo muito bem que outras novas forças se manifestavam, forças intelectuais, políticas, industriais, territoriais.

Em 1830 houve a primeira revolução industrial. Um século de pequenas guerras, revoltas, conquistas de colónias, movimentos que privaram de trabalho até os pequenos artesãos. O mundo correu atrás do progresso esquecendo as pessoas. Os intelectuais, especialmente durante o humanismo, foram em busca de novas forças políticas. O povo estava cansado de monarcas. Houve uma crise social e econômica em toda a Europa, as pessoas saíram às ruas para expressar seu descontentamento.

Em 1848 assistimos à primavera dos povos, estouraram revoltas na França, até na Itália estourou o que é lembrado como a revolução de '48. Giuseppe Mazzini queria unificar a Itália para expulsar os estrangeiros que ocupavam o país. Suas idéias, sua ação política, contribuíram decisivamente para o nascimento do estado unificado italiano, ele que era um jovem carbonário e foi acusado de pertencer à maçonaria.

Em 1834 fundou uma associação política internacional, "Jovem Europa", para promover a independência e emancipação dos povos europeus, na qual participaram representantes da Jovem Itália, da Jovem Polônia e da Jovem Alemanha.

Os lemas de Mazzini eram "Deus e Povo", "União, Força e Liberdade". Em 15 de Agosto de 1871, Mazzini recebeu uma carta de Albert Pike, contendo um plano que previa três guerras mundiais.

Em 1866 houve uma luta pela unificação da Itália, com a livre soberania do povo. O Papa Pio IX abriu novos cenários, concedendo o armistício aos presos políticos. Houve três guerras de independência para tentar estabelecer o Reino da Itália, que o Vaticano não quis reconhecer.

Em 20 de setembro de 1870, o exército italiano entrou em Roma, pela brecha da Porta Pia, para tomar o poder político, anexar Roma ao Reino da Itália e, assim, dar uma nova face à vida econômica e social do país.

A igreja de Roma assim terminou seu domínio territorial. Ao longo da história da igreja, o cristianismo em 19 séculos difundiu seu credo através de mártires, santos, missões, boas e menos boas obras, com o objetivo de difundir a verdadeira fé e a luta contra o mal.

Cada santo deixou sua história e uma mensagem divina, um melhor conhecimento da verdade para combater o mal.

Nos 53 km do arquivo do Vaticano não há segredos, mas a história do bem e do mal. A história da Igreja, a ciência, a medicina, são obras de Deus a serviço do homem. O mundo, por outro lado, tende a pensar e caminhar ao contrário, transformando o ser humano numa economia de mercado, um mercado onde tudo se compra e se vende, esquecendo e pisando os mandamentos de Deus. Temos milhões de pessoas estudando teologia, esperando para encontrar a chave para a verdade da vida. Séculos de história cristã escrita foram postos em prática por pessoas simples que entenderam que a verdadeira fé era companheira da esperança e da caridade e não da força e do poder. Deus serve-se com fé, esperança e caridade, esta é a igreja que Pedro construiu século após século enfrentando todas as suas batalhas. Papas santos, papas bons, antipapas, papas negros, sentaram-se no trono de Pedro, alguns com o Espírito Santo, outros com o Espírito de Satanás para tentar a Cristo e seus fiéis.

Santa Hildegard no século XI havia escrito os segredos da natureza recebidos de Deus, "Sci Vias Domini", segredos que para a humanidade não eram mais segredos, mas tornaram-se um vasto conhecimento da ciência, psicologia, medicina, do verdadeiro caminho de Deus, que constantemente chama a humanidade à conversão para a salvação das almas, o cuidado dos enfermos. Jesus Cristo veio a terra para curar, salvar almas, indicar um caminho, esta é a vontade de Deus e esta é a tarefa da igreja, o resto é heresia.

Em 1830, em Paris, a Mãe de Deus pediu que fosse cunhada uma medalha milagrosa, que curava doenças: quem a usasse com fé receberia graças.

Lourdes, 1846, a Mãe de Deus Ofereceu uma fonte de água para curar os doentes, para salvar as almas. Depois da ajuda dos santos do céu veio a ajuda da Mãe de Deus, que usou crianças inocentes para dar mensagens a toda a humanidade. A Mãe de Deus sempre convidava todos a rezar. Ele veio em socorro para curar o corpo e a alma de muitos enfermos imersos em grande miséria moral, social, espiritual, num período em que apenas os nobres tinham direito à vida e o resto do povo era considerado miserável (Victor Hugo também escreveu uma obra literária sobre os miseráveis). A Mãe de Deus, com sua piedade e suas graças, veio em socorro para aliviar o corpo e a alma dos pobres miseráveis.

Da "Belle Époque" às guerras mundiais

No período de 1871 a 1945, as potências europeias dividiram o mundo. Houve duas grandes guerras mundiais e muitos conflitos coloniais. Grandes lucros foram feitos nas colônias, que enriqueceram as populações da Europa. Um grande número de pessoas trabalhava para o ganho de poucos. Ao mesmo tempo houve um grande desenvolvimento da tecnologia, foram inventados o cinematógrafo, o fonógrafo e o automóvel.

Em 1875, no início da "Belle Époque", uma carroça cheia de esterco chegou ao vale de Pompéia com uma pintura quebrada e malcheirosa, era a pintura da Madona do Santo Rosário de Pompéia, então venerada em todo o mundo.

A súplica nos alerta para os perigos da vida, para a necessidade incessante de rezar o Santo Rosário para receber as bênçãos das graças desejadas para afastar o mal da Itália, da Europa e do mundo inteiro. Muitas pessoas, em sã consciência, não usam toda a sua fé para acolher as mensagens que nos chegam do céu de tantas formas. Quando subestimamos o mal, pagamos as consequências: o mal ganha poder em nós por causa da nossa pouca fé.

Neste período ainda existem várias guerras no mundo, de conquista, defesa, patriótica. Nunca se pergunte por que estourou uma guerra, sempre há muitos motivos, sendo os principais o desejo de expansão, os interesses econômicos, a vontade de mudanças políticas e geopolíticas; eles também são uma oportunidade de experimentar novas armas.

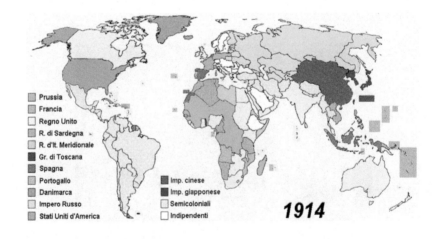

Desde a Primeira Guerra Mundial, iniciada em 1914, novas armas mecânicas, químicas e eletromagnéticas vêm sendo testadas.

Todas as guerras trazem medo, horror, miséria, fome, doença, morte, um menu macabro de loucura humana.

Numa pequena aldeia de Portugal, precisamente em Fátima, no dia 13 de Maio de 1917, três pastorzinhos, Lúcia, Jacinta e Francisco, viram uma bela Senhora (Nossa Senhora) que veio do céu e pediu-lhes que fossem para o mesmo lugar por seis meses consecutivos. Os pastorzinhos, entre jejuns e orações, permaneceram fiéis aos convites de Nossa Senhora. No dia 13 de Outubro de 1917, no último encontro, os pastorzinhos e todos os presentes presenciaram o milagre do sol.

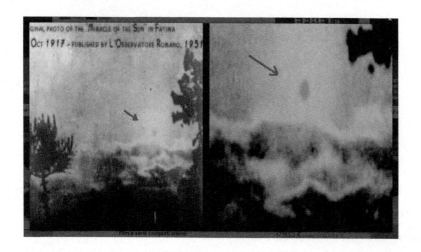

Antes de se despedir, Nossa Senhora transmitiu três segredos aos três videntes e acrescentou: "rezem, rezem, rezem o Santo Rosário. Meu Imaculado Coração triunfará". Os três pastorzinhos também tiveram visões do inferno. Os três segredos de Nossa Senhora de Fátima desencadearam contradições na própria Igreja e no mundo inteiro que perduram ainda hoje; a

mais discutida é a consagração da Rússia ao Imaculado Coração de Maria.

Em 1918, no final da Primeira Guerra Mundial, estourou a pandemia conhecida como "gripe espanhola", matando mais de 50
milhões de pessoas em apenas alguns meses.

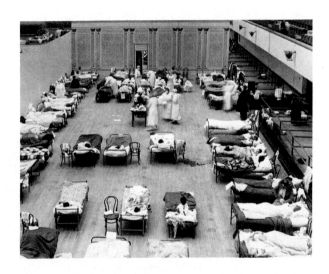

Os dois videntes Jacinta e Francesco foram vítimas deste vírus,
enquanto Lúcia, que se tornou freira, retirou-se para viver num
convento em Coimbra.

A Primeira Guerra Mundial terminou em novembro de 1918,
pondo fim às ambições expansionistas da Alemanha, com 20
milhões de mortos, 20 milhões de feridos graves e mutilados:
não há família que não tenha chorado os seus mortos.

A Primeira Guerra Mundial foi a primeira guerra de assassinato
em massa da história. Três milhões de hectares de terra não

eram mais cultiváveis, poluídos por armas químicas e cadáveres espalhados pelos campos.

O horror da guerra química em massa nos faz pensar, se quere evitar uma próxima guerra, então em 28 de junho de 1919 as potências vitoriosas da guerra fundaram a "sociedade das nações", com o objetivo de manter a paz e desenvolver a cooperação internacional no campo econômico e social.

Apesar da existência desta sociedade, muitos países continuaram a travar guerras coloniais para conquistar e colonizar outros países, explorando assim os seus recursos.

Na Índia, país colonizado pela Inglaterra, Mahatma Gandhi, líder pacifista, em resposta ao imposto britânico sobre o sal, iniciou a "revolta do sal" em 12 de Março de 1930, promovendo uma marcha de 24 dias, percorrendo uma distância de cerca de 200 milhas para chegar às salinas, tripuladas por soldados ingleses. Quando chegaram ordens ao exército para atirar na multidão pacífica, os oficiais recusaram-se. Milhares de pessoas foram presas, inclusive Gandhi, mas toda opinião pública (nacional e internacional) posicionou-se em favor dos índios.

Em Janeiro de 1933, em Banneaux, na Bélgica, ocorreu uma nova aparição: Nossa Senhora, que se autodenominava "a Virgem dos pobres", mostrou à uma menina uma fonte, declarando que aquela água era para todos os enfermos de todas as nações e ofereceu graças e milagres.

"Creiam em mim e eu acreditarei em vocês", assim a Virgem dos pobres conquistava as almas para trazê-las a Jesus.

Na Polônia, em 1934, a Irmã Faustina Kowalska recebeu de Jesus a tarefa de escrever e divulgar suas palavras sobre a Divina Misericórdia. Estas são as palavras de Jesus à Irmã Faustina: *"Secretária do Meu mistério mais profundo, saiba que está em exclusiva confiança Comigo. ao ler estes escritos sentirá um conforto interior e será encorajado a aproximar-se de Mim. Por isso desejo que todos os momentos livres sejam dedicados à escrita".*

Jesus falou à Irmã Faustina sobre as almas que vão para o inferno: quando o caminho de Deus é desviado, as almas não podem mais ser salvas, então Jesus em seu grande Amor abre o caminho da Misericórdia para dar uma segunda chance de Salvação. Aqueles que não são salvos pelas indicações de Deus ainda podem esperar ser salvos pela Misericórdia de Jesus Cristo. Irmã Faustina disse que a reconciliação com Deus através da Divina Misericórdia era a única forma de salvação e proteção contra as trevas e as tentações infernais do mundo. A Divina Misericórdia oferece graças e perdão até mesmo aos piores pecadores que humildemente se rendem à Sua Graça em arrependimento.

Em 1º de Setembro de 1939, as tropas alemãs entraram na Polônia, desencadeando o apocalipse da Segunda Guerra Mundial. Uma guerra travada por um povo que pensava pertencer a uma raça superior. Começa a caça infernal aos judeus, que são deportados para campos de concentração, onde homens, mulheres, crianças, velhos e jovens são prisioneiros, destinados a morrer nas câmaras de gás ou de fome. Uma estranha guerra luciferiana, onde não se lutava pela conquista de um território, mas pela afirmação da (suposta) superioridade da raça ariana e pelo extermínio de um povo. Um período histórico em que a dignidade humana foi pisoteada. Por cinco anos a morte veio do céu, da terra, do mar. Na montanha de Montecassino a Itália teve sua última batalha pela libertação, sacrificando o mosteiro beneditino, o mais antigo mosteiro da Itália, com mais de 1500 anos de história.

A guerra terminou em 14 de agosto de 1945, sua devastação final terminou com dois massacres atômicos em Hiroshima e Nagasaki, no Japão, que causaram 50 milhões de mortes, além de gravemente feridos e mutilados.

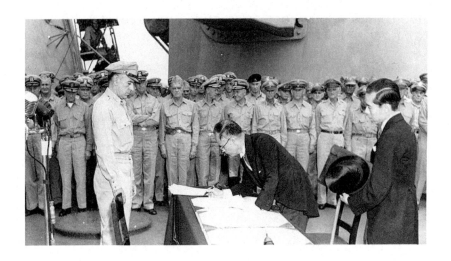

Tempos modernos

No final da Segunda Guerra Mundial, o pós-guerra começa com um belo discurso histórico:" Todos nós acreditamos no direito ao pão, à justiça, à paz e à vida humilde, à liberdade, à oportunidade de fazer melhor nesta terra".

Um grande julgamento contra oficiais nazistas ocorreu em Nuremberg (Alemanha) entre Novembro de 1945 e Outubro de 1946. Foi provavelmente o julgamento mais famoso da história, uma lembrança dolorosa que não deve ser repetida.

Em Junho de 1946, a Itália tornou-se uma república, mas com muitos conflitos políticos internos. A igreja apoiou o nascimento da democracia.

A Itália torna-se uma república democrática em 2 de Junho de 1946, com uma Assembleia Constituinte que redigiu a Constituição, que entrou em vigor em 1º de janeiro de 1948. A Europa democrática torna-se a nova força do Ocidente. A Rússia cria sua "cortina de ferro", travando uma "guerra fria" contra a América. A competição política e militar entre as duas superpotências torna-se acirrada.

Em 1950, os Estados Unidos bombardearam a Coreia do Norte.

Em 1953, a CIA organiza um golpe que derruba o governo do Irã.

Em 1954, o governo democraticamente eleito da Guatemala foi derrubado por um golpe de estado organizado e dirigido pela CIA.

América e Rússia também ampliam o horizonte de suas disputas para o espaço.

Enquanto as pessoas continuam morrendo de fome, as duas potências mundiais queimam bilhões de dinheiro em seus experimentos e missões espaciais.

As novas armas de mísseis criam novos temores de uma guerra atômica e termonuclear, novamente minando a paz.

As diplomacias internacionais trabalham para evitar a todo custo um conflito nuclear que levaria a humanidade à extinção.

Em 28 de outubro de 1958, o Vaticano anunciou a eleição do novo pontífice, o Papa João XXIII.

Em abril de 1961 em Cuba 1400 soldados desembarcaram na Baía dos Porcos, para tentar derrubar o regime de Fidel Castro. Este golpe também foi organizado pelos americanos, mas falhou.

O Papa XXIII, em 11 de outubro de 1962, também invocando a mãe de Deus, inicia o "discurso da lua", sob o esplendor da lua, para a multidão reunida na praça de São Pedro para a procissão noturna de tochas abrindo o Segundo Conselho Ecumênico. Este discurso foi um dos mais famosos deste Papa. O espetáculo noturno da lua sobre uma inundação de pessoas transmitido em todo o mundo fez deste discurso um evento histórico. É um momento histórico em que a igreja está tentando recuperar seus fiéis.

Nada acontece por acaso... no mesmo mês de 1962, a Rússia instalou uma série de mísseis em Cuba, elevando assim a tensão entre as duas superpotências a níveis de ameaça nuclear. Na América, o presidente Kennedy percebeu a vontade dos generais de escolher o caminho da guerra, então enviou uma carta ao presidente russo Khrushchev, tomando em mãos todas as negociações diplomáticas e militares.

Até 27 de outubro a guerra nuclear era quase certa, o mundo tremia, orava, confessava para salvar a alma. Em 28 de outubro de 1962, o presidente Khrushchev anunciou pelo rádio o fim das hostilidades e a retirada dos mísseis de Cuba.

O mundo inteiro dá um duplo suspiro de alívio, porque a Rússia e a América também chegaram a um acordo sobre o desarmamento de suas próprias armas atômicas. Uma batalha vencida pela boa vontade humana, onde os protagonistas foram os presidentes Kennedy e Khrushchev. O Papa João XXIII morreu em

3 de junho de 1963, depois de ter publicado a encíclica Pacem in terris em abril. O Papa Paulo VI torna-se o novo pontífice, num período de transição política e religiosa.

A recuperação económica, o desenvolvimento da televisão, do cinema, da rádio, do teatro, a difusão da música, do desporto, o nascimento da publicidade, guiaram a Europa para um estilo de vida feito de bem-estar e vícios. A América tinha uma economia forte, mas muitos problemas internos, os problemas com a guerra do Vietnã, Cuba, a luta interna contra o racismo, a pobreza, as máfias, a disseminação das drogas, a prostituição, a corrupção. O Presidente Kennedy, primeiro presidente americano católico, com elevados valores humanos, sentiu a responsabilidade moral de uma política menos corrupta e mais ao serviço da sociedade, iniciando uma luta decisiva contra o racismo. Ele queria uma América unida, uma política equilibrada, conhecendo a podridão que se escondia em sua terra natal. Kennedy foi o primeiro presidente a falar abertamente sobre poderes ocultos que impedem a paz mundial.

Em 22 de novembro de 1963, em Dallas, J. F. Kennedy foi assassinado sob os olhos de sua esposa que o acompanhava e de uma multidão de pessoas presentes em seu desfile de moda. A América e o mundo desabaram em lágrimas e desespero, mataram um homem, um presidente que lutou por uma política mais ao serviço da sociedade, pela paz no mundo e pelo equilíbrio entre os povos. Em seu funeral, lembraremos de uma criança que saudou pela última vez o corpo do presidente Kennedy. Essa criança era seu filho J. F. Kennedy Jr.

Kennedy é o mito que resiste ao teste do tempo: um presidente do século XX que deveria ser tomado como exemplo na política. Ainda hoje procuramos quem o matou, mas a pergunta mais importante a se fazer é: por que Kennedy foi morto?

Em seu discurso de 27 de abril de 1961, Kennedy fez um apelo sincero à imprensa para continuar a zelar pela política de forma livre e imparcial. No entanto, o discurso também se presta a uma leitura diferente, tanto que é amplamente conhecido na rede como o discurso das sociedades secretas. De fato, parece que Kennedy aludiu ao risco do nascimento de um "estado sombra" que operasse fora do controle democrático e sem o conhecimento dos cidadãos. Em outro discurso memorável, Kennedy disse: "Acho que ninguém trocaria de lugar com outro povo ou outra geração, a energia, a fé, a dedicação que traremos para este empreendimento iluminarão nosso país e aqueles que o servem e a luz deste fogo pode realmente iluminar o mundo. Portanto, meus compatriotas, não perguntem o que seu país pode fazer por vocês, mas o que vocês podem fazer por seu país!"

Mas a América da liberdade, da democracia, depois de um belo discurso cheio de esperança e confiança como este, descobriu então um rosto negro, mais negro que os negros, vítimas do racismo, redescobriu uma América politicamente corrupta. Os poderes ocultos não reconhecem a paz, a fraternidade, a igualdade, a justiça social. Martin Luther King, em 28 de agosto de 1963, em um de seus discursos gritou: "todos os homens são iguais, os filhos descendentes de escravos um dia poderão sentar na mesma mesa da fraternidade".

Em 1964, ele recebeu o Prêmio Nobel da Paz. No mesmo ano, os Estados Unidos bombardeiam o Vietnã. Martin Luther King foi assassinado em 4 de Abril de 1968. As ideias de Martin Luther King deixaram sua marca em todo o mundo, China, Coréia, América, Europa.

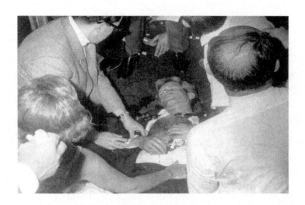

Robert F. Kennedy, em 5 de junho de 1968, foi assassinado quando estava prestes a concorrer à presidência americana. Nesse período as forças políticas não aceitaram nenhuma mudança política; os poderosos do mundo decidiam o destino de países, nações, sempre com o propósito usual de interesse e poder. O progresso avançou, a humanidade, sem perceber, afastou-se da realidade para entrar apenas no mundo do progresso científico.

Em 1968 tudo aconteceu: motins estudantis em Paris e em toda a Europa; A Itália testemunhou o nascimento e o desenvolvimento de grupos terroristas.

Em 23 de setembro de 1968, morreu na Itália o Padre Pio de Pietrelcina, um frade que o mundo inteiro conheceu por sua grande força espiritual, um frade amado pelos pobres que amava. Conhecido em todo o mundo por seus estigmas e seu dom espiritual de fazer milagres, ele também tinha outros dons sobrenaturais.

Foi o último frade franciscano para quem a prática do sagrado é sagrada e não profana, o frade que contrariou a ciência, a psicologia e aquela parte da Igreja contrária às verdades de Jesus Cristo.

Para ele, falar do diabo não era esquizofrenia, era normalidade, para nos alertar que o diabo é real, para ensinar o valor da oração como única arma contra o mal. Ele conhecia bem a existência do mal, das tentações visíveis e invisíveis. Foi um frade que lutou com oração e caridade contra as forças do demônio. O hospital "Casa de Alívio do Sofrimento" de San Giovanni Rotondo é um estabelecimento de saúde desejado e criado pelo Padre Pio, inaugurado por ele em 5 de Maio de 1956: obra e sonho de um homem espiritual que amou e abraçou os enfermos em nome de Jesus Cristo.

Em 20 de julho de 1969, o homem chegou na lua. O astronauta Armstrong plantou uma bandeira americana no solo lunar, proferindo a famosa frase: "Esse é um pequeno passo para o homem, mas um salto gigantesco para a humanidade".

Os anos 70 foram anos revolucionários, símbolo do desejo de liberdade, de explosões de criatividade. Os protestos pacíficos de 1968 deram lugar a um clima de violência entre jovens militantes de extrema-direita e de extrema-esquerda em toda a Europa. Em 1971, as mulheres adquiriram maior consciência de si mesmas e reivindicaram seus direitos.

Em 11 de setembro de 1973 houve um golpe de estado no Chile que derrubou o governo democrático de Salvador Allende; este golpe também foi orquestrado pela CIA americana, que já em 1970 havia tentado derrubar o presidente Allende.

Em 1977 iniciou-se na Itália um período difícil de tensões entre grupos extremistas de direita e de esquerda, conhecido como os "anos de chumbo". Em 1978, o nobre Aldo Moro foi sequestrado e morto pelo grupo de extrema-esquerda, as "brigadas vermelhas".

Em 6 de Agosto de 1978, morreu o Papa Paulo VI, um papa muito criticado pela mídia por sua consciência espiritual dividida entre a verdadeira fé em Cristo e o modernismo. Em 29 de junho de 1972, Paulo VI fez a alocução (discurso público) mais dramática de seu pontificado: "temos a sensação de que a fumaça de satanás entrou no templo de Deus por alguma fissura".

Nele havia dúvidas, problemas, inquietação, insatisfação, vontade de enfrentar.

"Hoje a igreja não é mais confiável; confiamos no primeiro profeta profano que nos vem falar de algum jornal ou de algum lema social, para correr atrás dele e perguntar-lhe se tem a fórmula da verdade, sem sentir que já somos mestres e mestres. A dúvida entrou em nossas consciências, entrou por janelas que deveriam estar abertas à luz. Na ciência existem verdades que não se afastam de Deus, mas nos fazem procurá-lo ainda mais. Da ciência, que se faz para maior intensidade, veio a crítica, veio a dúvida (...) Acreditava-se que depois do Concílio viria um dia de sol para a história da Igreja: em vez disso veio um tempo de nuvens, de tempestade, da escuridão, da pesquisa, da incerteza". Ele foi seguido pelo Papa João Paulo I, o Papa eleito com fumaça quase negra. O "sorriso de Deus" morreu após 33 dias de pontificado em 28 de setembro de 1978. Ele foi o último Papa italiano do século 20: ele queria melhorar a igreja.

O Papa João Paulo I deixou seus fiéis com muitas dúvidas e contradições sobre as causas de sua morte. O Papa que serviu a igreja com o Deus Trino, repreendendo aqueles que o serviram com o deus do dinheiro. A Irmã Lúcia o havia informado de sua morte e de seu curto mandato. O bom grão morre para dar bons frutos para uma igreja que está despedaçada por dentro e por fora por abandonar a verdadeira fé.

Em 16 de Outubro de 1978 "Habemus Papa", Karol Wojtyla foi eleito Papa João Paulo II: ele veio da Polônia, era um jovem papa para os jovens, sua tarefa era despertar a verdadeira fé cristã. Naquela época o futuro da igreja jovem estava em perigo, não era mais possível mudá-la internamente, a fumaça de Satanás circulava por todo o Vaticano e nos corações dos cardeais, bispos, padres, etc., etc. A igreja teve que ser salva de fora: em 16 de Outubro de 1978, o Papa João Paulo II gritou em sua homilia: "Não tenha medo, abra bem as portas para Cristo", contrariando todos aqueles que até então haviam fechado as portas para Jesus Cristo. Homem de muita fé, havia passado por duas guerras mundiais, morado na Polônia, conhecia bem os poderes políticos que se destruíam com seus ideais.

A sua missão era também reavivar nos jovens o espírito da verdadeira fé cristã, para uma renovação fundamental da sociedade, enquanto a atual mostrava uma falência social, moral e espiritual, até na própria igreja corrupta e escandalosa.

A fé, a política, a sociedade precisavam de uma renovação espiritual em um período tão complexo, onde os poderosos do mundo pareciam preparar-se para a terceira guerra mundial.

A fé cristã precisava renascer, a geração do pós-guerra caminhava sem fé, com ideais loucos, sem verdadeira orientação espiritual, apenas com ideais pessoais de uma falsa liberdade, falsos direitos egoístas desprovidos de moral. Os jovens dos anos 70 viviam o mundo do rock, com euforias exageradas, uso de drogas, álcool e liberdade sexual. Eu sou aquele jovem dos anos setenta, conheço bem aquele mundo, reconheço as nossas faltas de ignorância, que nos fizeram entrar num vórtice de loucura.

Nossos pais espirituais eram músicos de rock, que nos enlouqueciam com seus shows e seus violões. Alguns arrancaram os cabelos, outros os fizeram crescer, alguns se despiram ficando nus, alguns correram como uma marionete louca acompanhada pelo som infernal da música, uma verdadeira hipnose coletiva acelerada por drogas de todos os tipos.

A vida, na verdade, também nos oferece a parte boa de um mundo feito de gente boa, saudável e santa.

Em 1979, uma freira, Madre Teresa de Calcutá, recebeu o Prêmio Nobel da Paz. Esta pequena freira mostrou ao mundo fé, coragem, força, amor, ao enfrentar sozinha os problemas das pessoas de miséria, pobreza, doença, fome, contradições espirituais, com fé, esperança e caridade, pregando o evangelho com sua pequenina pessoa, mas com a grande alma de Deus. Com sorriso nos lábios e tristeza na alma, enfrentou a miséria humana, seu rosto brilhante e sorridente expressava amor, enquanto o mundo semeava ódio, guerras e ideais loucos.

A freira, que se tornou santa, definiu-se como uma gota d'água em um oceano de miséria e lixo humano. Uma pequenina mulher acolhida pelos gigantes do mundo, também convidada pelo Papa ao Vaticano. Uma pequena esperança humana, para fazer as pessoas refletirem e pregarem a mensagem divina, afirmando que o amor é maior que o ódio e o desprezo pelas virtudes. A sua presença foi uma luz de esperança para as nossas consciências obscurecidas pelas loucuras do mundo, para os homens que preparavam outras guerras por motivos políticos e geopolíticos.

Madre Teresa pôs em prática o evangelho entre os mais pobres, enquanto o Papa pregava aos jovens. A roda do mundo gira entre boas e más visões.

Em 1979, a CIA armou muçulmanos radicais no Afeganistão, querendo frustrar a guerra da União Soviética contra o Afeganistão. Em 1980, os EUA armaram Saddam Hussein, que atacou Khomeini, atiçando as chamas da guerra Iraque/Irã. O mundo parecia caminhar para uma guerra nuclear.

Em um belo dia ensolarado, em 2 de agosto de 1980, uma bomba explodiu na Itália na estação ferroviária de Bolonha; o massacre pôs toda a Itália de joelhos.

Semear o terror foi a tática escolhida para assustar a opinião pública e assim desviar a atenção dos reais problemas políticos e geopolíticos que preparavam o destino do mundo. As bombas são o primeiro passo para evitar revoltas populares, criando o terrorismo, que muitas vezes é usado para criar confusão, medo e terror.

Washington, 3 de Março de 1981, o presidente americano Regan foi vítima de um ataque, ele foi salvo após uma longa operação.

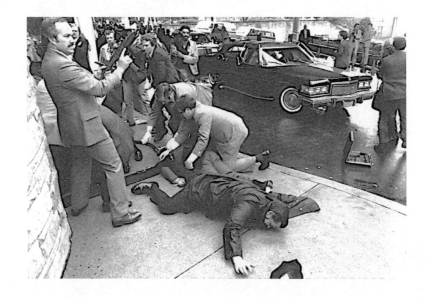

O Papa João Paulo II, em 13 de Maio de 1981 na Praça de São Pedro, foi mortalmente ferido por um tiro: após uma longa operação foi salvo. O homem vestido de branco era o mesmo indicado pela profecia de Nossa Senhora de Fátima, revelada à Irmã Lúcia e entregue ao Vaticano.

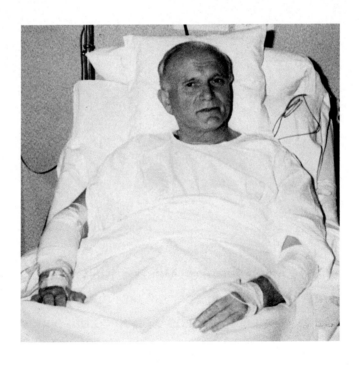

O Papa reconheceu no seu ataque a mensagem de Nossa Senhora de Fátima; posteriormente, ele teve a bala que o feriu inserida na coroa desta estátua.

A consagração da Rússia foi uma das mensagens que a Mãe de Deus mais desejava que se realizasse, mas que a Igreja, ao contrário, depois de tantas tentativas, não conseguiu realizar por vários motivos.

As forças do mal, que haviam sido subestimadas, eram a causa do desastre que se abateu sobre o mundo, por isso Nossa Senhora indicou a oração como a única arma para nossa proteção material e espiritual. Apesar da nossa pouca fé, a Mãe de Jesus veio compensar o tempo que perdemos.

MEÐUGORJE

Em Medjugorje (Iugoslávia), em 24 de Junho de 1981, Nossa Senhora apareceu e convidou o mundo a rezar pela paz e pela luta contra o mal, em resposta aos maus acontecimentos que estavam prestes a assolar o mundo.

As orações deram os primeiros frutos de graças e milagres que não vemos. Um deles era a história de um homem que salvou o mundo de uma guerra nuclear. O evento aconteceu no dia 26 de Setembro de 1983, o milagre dos milagres através de um militar.

Stanislav Petrov foi o herói esquecido que salvou o mundo do apocalipse nuclear. Enquanto ele estava em seu posto na estação de controle de satélites de mísseis, uma luz vermelha de controle acendeu indicando o início de um ataque de mísseis dos EUA; imediatamente depois que outras luzes vermelhas confirmaram aquele ataque. Uma de suas tarefas era alertar imediatamente o Kremlin, que em 10 minutos deveria ter respondido com um contra-ataque de mísseis contra a América e a Europa. Seu instinto o levou a esperar antes de tomar uma decisão tão vital, ele estava convencido de que era apenas um erro e não avisou o Kremlin. De fato, após alguns minutos, houve a confirmação do erro real do sistema de satélite soviético. Stanislav Petrov pode ser considerado o homem certo no lugar certo e na hora certa, um homem que merece o verdadeiro reconhecimento do valor humano na história. Esta história demonstra o quão pouco é preciso para enfrentar a destruição

121

total em um mundo frágil, em um mundo onde as pessoas comem, bebem, se divertem, espezinhando os mandamentos de Deus, enquanto as duas potências militares Rússia e América lutam entre si no tabuleiro de xadrez político e geopolítico para o poder.

O Papa João Paulo II, após episódios como este, iniciou a sua cruzada para aumentar a luta contra o mal: consultou a Irmã Lúcia, a vidente de Nossa Senhora de Fátima, para consagrar a Rússia, mesmo a parte ateia da Rússia, que na altura estava em poder.

A 25 de Março de 1984, o Santo Padre João Paulo II, ao consagrar a Rússia, consagrou também o mundo ao Imaculado Coração de Maria.

Ato de Consagração ao Imaculado Coração de Maria feito pelo Papa João Paulo II:

"Ó Mãe dos homens e dos povos, tu que "conheces todos os seus sofrimentos e as suas esperanças", tu que sentes maternalmente todas as lutas entre o bem e o mal, entre a luz e as trevas, que abalam o mundo contemporâneo, acolhe o nosso grito que, comovido pelo Espírito Santo, dirigimo-nos directamente ao vosso Coração e abraçamos, com amor de Mãe e Serva, este nosso mundo humano, que vos confiamos e

consagramos, cheios de inquietação pelo destino terreno e eterno dos homens e dos povos.

De maneira especial confiamos a ti e consagramos aqueles homens e aquelas nações que têm particular necessidade desta entrega e consagração. Sob a tua proteção buscamos refúgio, Santa Mãe de Deus!

Não desprezes as súplicas de nós que estamos na prova! Não despreze!

Aceite nossa humilde confiança e nossa confiança!"

Nossa Senhora de Fátima fez a promessa, afirmando que o seu Imaculado Coração triunfará, no local onde apareceu pela primeira vez, na Cova da Iria a 13 de Maio de 1917.

A consagração da Rússia em 25 de Março de 1984, feita pelo Santo Padre João Paulo II em Roma, diante da estátua de Nossa Senhora venerada na capela das aparições na Cova da Iria e em Fátima, foi declarada válida por Irmã Lúcia.

Em Portugal, o canal de televisão SIC, por respeito à vidente Irmã Lúcia, abriu a notícia com a notícia de um vídeo-filme amador autorizado, mostrando imagens da freira a explicar o processo de consagração da Rússia, confirmando a sua validade e acrescentando: "A conversão significa mudança e não significa que todo o mal desapareça definitivamente". A Virgem disse: "O Santo Padre deve simplesmente consagrar-me a Rússia, que se converterá, haverá paz e respeito".

A consagração evitou a guerra nuclear que estava prestes a começar.

Em 11 de Março de 1985, Mihail Gorbachev foi eleito secretário-geral do PCUS na Rússia, reunindo-se posteriormente com o presidente americano Regan, para verificar a redução de armamentos, pondo assim fim à guerra fria.

Em 26 de Fevereiro de 1986, no final do Congresso do PCUS, ele anunciou seu programa para a renovação da economia e da sociedade soviética.

Em 26 de Abril de 1986, o reator nuclear de Chernobyl (Ucrânia) explodiu; o desastre causou milhares de mortes, bem como grandes danos à economia ucraniana e europeia.

Em 15 de Abril de 1984, o Papa João Paulo II instituiu o Jubileu da Juventude, um dia mundial de encontro com grupos juvenis de todo o mundo. Este dia, por vontade dele, é celebrado todos os anos num país diferente, até hoje.

Em 20 de Maio de 1988, o encontro histórico entre Gorbachev e Regan ocorreu em Moscou, as relações entre as duas superpotências começaram a relaxar.

Em 1º de Dezembro de 1989, Gorbachev encontrou-se com o Papa João Paulo II no Vaticano. Em 26 de dezembro de 1989, o mundo inteiro testemunhou a queda do Muro de Berlim.

Em seu último escrito, a Irmã Lúcia descreveu como a resposta do céu se manifestou. É sabido por todos que a década de 80 foi um dos momentos mais críticos da história da humanidade, anos em que as grandes potências se preparavam silenciosamente para uma guerra nuclear, que teria destruído grande parte do mundo, devido a arrogantes, homens entrincheirados em seus planos e projetos de guerra e vontade de supremacia, seguindo suas ideologias ateístas, escravizadoras e demoníacas. Quem poderia induzi-los a virar tudo isso de cabeça para baixo, a pedir um encontro para se darem um abraço de paz? Quem poderia fazê-los passar da injustiça agressiva e violenta para ajudar e apoiar projetos de reconhecimento dos direitos da pessoa humana, abolição da escravatura, etc.? Quem, a não ser Deus, poderia agir nessas inteligências, nessa vontade, nessas consciências, de modo a realizar uma mudança tão destemida, sem medo da revolta delas e dos estrangeiros? Só a força de Deus agiu, levando todos a aceitarem esta mudança em paz, sem revoltas, sem oposição.

O ano 2000

A escalada entre a Rússia e a América para a produção e venda de armas sofisticadas continuou. Em 7 de Maio de 2000, Vladimir Putin, ex-soldado, ex-funcionário da KGB e ex-ministro, foi eleito presidente da Rússia.

Em 12 de Agosto de 2000, ocorreu o maior acidente naval da história da Rússia: o submarino atômico Kursk afundou no mar de Barents após duas explosões, uma externa e outra interna. O caso Kursk despertou o fantasma de uma guerra nuclear, pois dois submarinos americanos estavam nas proximidades. Em 6 de Setembro de 2000, o presidente Clinton se encontrou com o presidente Putin, discutindo o caso Kursk e chegando a um acordo. Por sorte ou por algum milagre, o incidente de Kursk permaneceu um segredo de estado.

Em 15 de Agosto de 2000, a Jornada Mundial da Juventude foi celebrada em Roma.

Aqui, estamos relendo a história de 2.000 anos, eventos reais; os homens da terra sonham, ignorando o mal.

Quantas vezes no século passado o diabo nos colocou em posição de iniciar uma guerra nuclear, que significaria o fim da raça humana, uma guerra que assusta até os poderosos do mundo que estariam entrincheirados para viver em suas cavernas chamados de bunkers.

América em 20 de Janeiro de 2001 elegeu um novo presidente, George W. Bush.

Em 11 de Setembro de 2001, sua América foi despertada por ataques terroristas às torres gêmeas de Nova York e à sede do Pentágono por extremistas islâmicos. Osama Bin Laden, o terrorista que trabalhou anteriormente para a CIA, acabou sendo o organizador desses ataques.

Bush declarou: "Hoje nossa nação viu o mal, o pior da natureza humana", e cita o Salmo 23: "Embora eu caminhe pelo vale das sombras e da morte, não temerei mal algum, pois você caminha comigo". Nenhum de nós jamais esquecerá este dia, seguiremos em frente em defesa de tudo que é certo e bom". Estados desonestos! Eixos do mal! Coréia do Norte, Afeganistão, Líbia, Iraque, Irã, não cumprem a doutrina de Bush.

A guerra começa contra o Afeganistão em 2001, no Iraque em 2003.

O projeto da Nova Ordem Mundial começa.

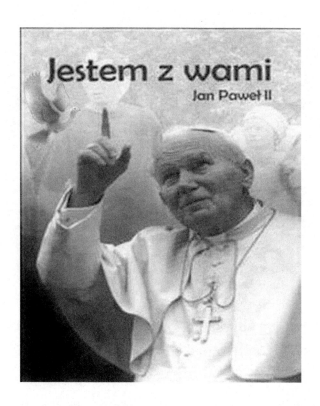

De 23 a 28 de Julho de 2002, celebrou-se em Toronto a XVII Jornada Mundial da Juventude; enquanto mostrava com o dedo os desígnios de Deus, o Papa João Paulo II, já em idade avançada, dizia: "Vós, jovens, sois o sal da terra, sois a luz do mundo, a esperança que não desilude".

Em 13 de Fevereiro de 2005, a vidente de Fátima, Irmã Lúcia, faleceu.

Em 2 de Abril de 2005, morreu o Papa João Paulo II. Seu grito "não tenha medo de anunciar Cristo!" permanece memorável.

Foi um Papa que soube unir os seus fiéis na luta pela fé e pelo bem da Igreja, contra o mal sempre presente.

No dia 19 de Abril de 2005 a Igreja elegeu um novo Papa, Bento XVI, um Papa com grande conhecimento teológico, um Papa que sabia estar no meio de uma tempestade, conhecia o drama humano, a moral, material, política, religiosa, social dificuldades, espirituais, conheceu as dificuldades internas do Vaticano, os escândalos internos e externos. Ele, nomeado sucessor de São Pedro para abrir as portas à mensagem de Jesus Cristo, teve de manter viva a fé que o Papa João conseguiu despertar nos jovens que sentiam o desejo de mudança numa sociedade que se destruía com os seus vícios. Ele teve que convencer cuidadosamente os políticos ateus dessa mudança. Ele também teve que encontrar força espiritual para lutar contra os escândalos de corrupção e pedofilia dentro da própria igreja.

Também para ele vislumbramos uma grande cruz para carregar e carregar.

Em 20 de Janeiro de 2009, George W. Bush encerrou seu mandato e a presidência passou para Barack Obama, o primeiro presidente afro-americano que se lembrou do líder negro M. Luther King e que insinuou os ideais de paz, justiça, liberdade e igualdade. Durante sua gestão, ele parecia o presidente certo na hora certa: em 9 de Outubro de 2009, ele recebeu o Prêmio Nobel da Paz; nesse ínterim, porém, em dezembro de 2009, os Estados Unidos voltaram a intervir na guerra do Afeganistão. Nos últimos anos, a presença militar americana também se fez sentir no Iêmen, Paquistão, Somália, Líbia, Síria, Iraque.

Enquanto os ventos da guerra física sopravam para o leste, os ventos da guerra espiritual sopravam para o oeste.

Em 2011, o jornalista e programador australiano Julian Assange revelou os objetivos e crimes da América no Afeganistão, Iraque, Iêmen, a guerra eterna que serve à lavagem de dinheiro. Assange, depois de vários anos passados na prisão, então protegido pela embaixada do Equador, depois novamente em uma prisão de segurança máxima britânica, foi condenado a ser extraditado para os Estados Unidos, onde o esperava uma acusação de espionagem que poderia custar-lhe a prisão perpétua. Um jornalista que se tornou mártir por ter cumprido o seu dever segundo a sua consciência humana. Assange representa todos nós, todas as consciências que se consideram humanas, onde nenhuma ordem é mestra, a não ser o grito da verdade. Seu martírio ficará na história como um exemplo.

A foto do raio na cúpula de São Pedro foi tirada poucas horas depois do anúncio da renúncia do Papa Bento XVI (11/02/2013), forçado ao exílio em nossa indiferença. O verdadeiro Petrus, nosso amado papa. Disse na última audiência geral: "Não abandono a cruz, mas permaneço de maneira nova com o Senhor Crucificado".

Em 28 de Fevereiro de 2013 foi anunciado que o Papa Bento XVI foi forçado a renunciar por motivos de saúde; retirou-se para o silêncio e a oração de seus aposentos no Vaticano. A igreja estava em crise, por trás de uma série de disputas sobre a veracidade de sua renúncia. Apenas treze dias depois, a Igreja elegeu o novo Papa, Papa Bergoglio, que assumiu o nome de Francesco. O novo pontífice da Igreja Católica veio da Argentina.

É um Papa muito popular, um Papa modernista que em 13 de Março de 2013 assumiu o nome de Francisco, dirigindo-se pela primeira vez aos fiéis cristãos, com uma cruz no pescoço que não parece uma cruz cristã: "irmãos e irmãs, boa noite, meus irmãos cardeais tomaram um papa quase no fim do mundo...". Caloroso, carinhoso, humano, respeitoso, ele inicia um novo caminho de igreja de fraternidade. Ele pede as orações do povo para iniciar sua missão papal. O tempo dirá quais são os frutos espirituais do Papa Francisco, que escolheu levar o nome de um grande santo.

O presidente Obama, Prêmio Nobel da Paz em 2014, em coalizão com vários países árabes, ordena bombardeios contra alvos militares do grupo terrorista Isis.

No entanto, a estratégia de Obama para combater o ISIS não deu frutos, pondo em causa os verdadeiros objetivos dos Estados Unidos.

Em 20 de Janeiro de 2017, Donald Trump é o novo presidente americano, surpreendendo o mundo com sua vitória. Ele faz discursos muito fortes e convincentes, afirmando que a América precisava de uma mudança política; A América é odiada por suas arrogantes políticas externa e doméstica, e tende a fazer uma ditadura universal de seu poderio militar.

Os Estados Unidos, presos no mistério de 11 de Setembro de 2001, após 20 anos de guerras contra o terrorismo, também estão à beira de uma guerra civil.

As únicas pessoas no mundo onde os habitantes podem ser armados por lei. Uma América boa e outra má, dois pensamentos políticos diferentes, lá dentro existem forças políticas opostas à política suja, corrompida pelo dinheiro e pelas guerras. Agora é um povo que está despertando-se de uma hipnose coletiva. Estão acordando e mostrando que não querem tolerar a política arrogante dos corruptos, abusivos que só exploram a natureza humana; além disso, começamos a falar sobre os "illuminati" que governam nas costas das forças políticas mundiais.

Ninguém sabe quem realmente comanda a América. Os discursos de Trump insinuaram uma nova política forte de poder militar, contra a mídia, contra a arte da falsa comunicação, contra poderes ocultos, que ele chamou de "duplo estado".

No dia 4 de Outubro de 2019, festa de São Francisco de Assis, nos jardins do Vaticano, na presença do Papa Bergoglio, foi celebrado o rito da "pachamama" (mãe terra, na língua quechua), rito pagão inserido num ritual cristão: cardeais, bispos, padres, frades, estiveram presentes para assistir a um culto pagão realizado nos lugares sagrados. O Papa Francisco, depois de tantas homilias estranhas, surpreende o mundo cristão: ele e os cardeais presentes carregam o símbolo de uma mulher nua em procissão até a Basílica de São Pedro, depois transportaram este símbolo amazônico para a igreja de Santa Marta, onde realizaram uma cerimônia regular na presença do sacrário que contém o Corpo de Cristo. Nada é por acaso, tudo é planejado. Tudo se passa em um período em que, no dia 8 de Outubro de 2019, foi celebrada a festa de Nossa Senhora de Pompéia, onde ela é levada em procissão, enquanto em Roma, no Vaticano, eles levaram a pachamama em procissão, invertendo os dogmas.

Coragem é um dogma que nunca muda. No dia seguinte à procissão com a pachamama (a cena foi registrada por um vídeo amador), na manhã de segunda-feira, alguns bravos católicos entraram na igreja de Santa Maria in Traspontina, perto do Vaticano, limparam o local sagrado das várias estátuas da pachamama que foram exibidos para o sínodo da Amazônia, depois percorreram alguns metros para chegar à famosa ponte Sant'Angelo e jogaram os ídolos no Tibre.

Chegamos ao fim da história do passado, deixando para trás muitas ilusões e esperanças de um mundo quebrado, consumido pelo materialismo do pensamento progressista: sucesso, dinheiro, sexo, drogas, jogos de azar, viagens, divórcio, aborto, homossexualidade casamento, e agora também a proposição de uma nova espiritualidade onde se tenta eliminar o dogma da fé.

É diante dos nossos olhos que a igreja cristã caminha para a decadência moral e espiritual e mais ainda para a profanação, transmitido mundialmente em 25 de Dezembro de 2019, sob os olhos de todo o mundo, esses ministros da igreja prestam homenagem à pachamama. O mundo se prepara para um período de maldição moral, social, física, espiritual.

Capítulo 4

O diário dos nossos dias

Em 2020 o vírus Covid 19, que é transmitido de humano para humano, paralisa o mundo, criando uma pandemia global. Máscaras, bloqueios, decretos restritivos das liberdades pessoais, a roda do mundo abranda assim o seu ritmo habitual, o medo da contaminação e da morte abranda o ritmo delirante dos nossos hábitos, as nossas ilusões apagam-se, a nossa torre de Babel cai na confusão, mentiras, contradições. Nossas democracias, nossas liberdades, nossos direitos, nossa constituição, trabalho, justiça, vida espiritual, tudo vira um vórtice. O vírus muda todo o nosso sistema de vida social e o mundo. Alguns rumores de notícias fora da TV diziam que a nova ordem mundial era o novo modo de vida da sociedade, seu lema "tudo ficará bem". Essas pessoas trabalham para o bem humano, "tudo vai ficar bem" de acordo com seus planos e isso é o que importa, obedecendo cegamente às suas loucuras. As notícias e verdades confusas criam uma psicose coletiva entre crentes e não crentes em relação ao vírus Covid 19, usado como arma terrorista para criar a usual teoria do caos que cria confusão para esconder a verdade e aumentar graves preconceitos. "Vai dar tudo certo", a história não começou aqui nem termina aqui, teremos muito que refletir sobre o período histórico que se iniciou em 2020, o período mais enganoso de toda a história da humanidade, onde a moral, social, a verdade espiritual foi pisoteada, arrastada ao martírio social, físico, psicológico, espiritual. Há quem ainda cante "vai dar tudo certo", mas não como você pensa.

No século XX tivemos a honra de ter entre nós e conhecer três presenças de grande espiritualidade. Padre Pio de Pietrelcina, Madre Teresa de Calcutá, Papa João Paulo II, sem tirar nada da vidente de Fátima Irmã Lúcia e Papa Luciani.

Na confusão deste mundo, nossos mosqueteiros espirituais semearam para as gerações futuras.

Agora os políticos, os poderosos deste mundo têm o seu Papa, a sua fé, a sua Igreja. Os escândalos não são novidade na história da Igreja e não é a primeira vez que o mal toma o poder no Vaticano, não é a primeira vez que as ovelhas sem pastor se dispersam, faz parte da história da luta entre o bem e o mal, de toda a história humana da Igreja e da própria fé.

O mal tem seu papel e força, mas a vitória pertence a Deus.

Tudo se passa sob o olhar de Deus, no seu plano tem usado o mal para despertar o seu povo, para aumentar a fé e com ela erguer montanhas.

Em 18 de Março de 2020, na Itália, uma coluna de viaturas militares transporta os caixões das vítimas da Covid 19. Ao que tudo indica, a Itália foi o país mais afetado pela pandemia, um drama impressionante. As imagens de um país em luto correm o mundo. A bela Itália transforma-se num cemitério. Não há mais nada a acrescentar, apenas o silêncio e a oração. A Itália é a vitrine do que está acontecendo no mundo.

Roma, Praça San Pietro, 27 de Março de 2020, as imagens que deram a volta ao mundo mostram uma praça escura e deserta em um dia de chuva, um crucifixo, uma pintura da Mãe de Deus. Um homem vestido de branco, perdido em sua alma e vazio de espírito, o Papa Francisco começa seu sermão dizendo "Jesus está conosco no mesmo barco nos perguntando por que temos medo?"

Do Evangelho segundo Mateus: "Naquela época, Jesus disse: *"Acautelai-vos dos falsos profetas que vêm a vós disfarçados em ovelhas, mas por dentro são lobos devoradores. Você os reconhecerá por seus frutos. Colhemos uvas dos espinheiros ou figos das amoreiras? Assim, toda árvore boa produz frutos bons e toda árvore ruim produz frutos ruins".* Na Santa Sé, nos últimos anos, houve dois papas: o Papa Bento, que dizem ser o papa emérito; o outro, o Papa Bergoglio, que já deu frutos de uma espiritualidade que não corresponde aos dogmas da Santa Madre Igreja.

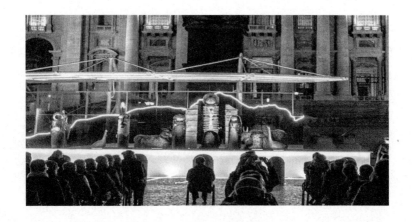

O presépio de Dezembro de 2020 na Praça de São Pedro foi a provocação maligna para não adorar a Deus. Estátuas de rostos que nos levaram ao culto pagão. Silenciar o Papa Bergoglio seria perder a pouca fé que nos resta. Bergoglio está sujando sua alma, tornando-se o anticristo de nossos dias, o fantoche da política luciferiana. Bergoglio não é o papa da Igreja Católica, é um antipapa, anticristo, que cometeu um terrível pecado mortal no jardim do Vaticano diante dos olhos do mundo inteiro, o pecado da idolatria. Mas os cegos não vêem, os surdos não querem ouvir este drama: os membros da igreja ofenderam a Deus levando a "pachamama" em procissão, em várias igrejas em frente ao sacrário repetiram este culto pagão, profanando o sagrado. Eles se calam e querem enterrar esse terrível pecado, que todos os cristãos deveriam confessar como falta. Hoje, ao contrário, no altar durante a Santa Missa, todos estão em união com o Papa Francisco e seu pecado mortal. Hoje quem confessa esse pecado parece falar mal do papa, dos ministros da igreja, tornando-se herege, marginal, ignorante em teologia, visionário, louco. Os israelitas carregavam um bezerro de ouro nos ombros, os cristãos uma mulher grávida, a pachamama. Pobre Maria chorando sangue por causa dos pecados cometidos pelos ministros da igreja.

O Papa Bento sofreu e rezou pela Igreja: o Espírito Santo o comissionou para ser o Sumo Pontífice, sucessor de Pedro, quando em 11 de Fevereiro de 2013 decidiu servir a Igreja e seus fiéis com seu sofrimento e suas orações, distanciando-se de os problemas políticos do mundo porque não podiam ser resolvidos com nenhuma palavra, com nenhum diálogo. Pedro está presente com todos os católicos, crentes e não crentes, praticantes e não praticantes, fiéis e não fiéis, está servindo a igreja do céu com suas orações, segundo a vontade do Espírito Santo. Agora todos os fiéis estão dispersos, duvidosos, incertos sobre as escolhas a fazer. A fumaça do diabo entrou na igreja e está criando um caos espiritual.

Nossa igreja sofredora também é fruto de nossas faltas, fazemos parte de uma igreja doente, comendo e bebendo as porcarias deste mundo materialista, egoísta e perverso. Jesus com a sua misericórdia bate todos os dias nos nossos corações, todos os dias chama os seus servos à conversão, por isso nenhum de nós pode julgar, mas podemos esperar que todos façam uso da misericórdia para a conversão das suas faltas. Nada vem por acaso, nada deve ser dado como certo. Deus conhece as nossas fraquezas, a nossa ignorância, a nossa perplexidade, os nossos deveres de obediência aos políticos, aos padres corruptos, Deus vê tudo. Tudo vem para refletir, lutar, converter, rezar para reconhecer o Deus verdadeiro, perdido na loucura da nossa sociedade.

Somos a geração dos séculos XX e XXI de história, desde a belle époque até hoje tivemos duas guerras mundiais, lutas políticas, revoltas sociais, excesso de liberdade moral, drogas, pornografia, violência doméstica, divórcios, manipulação genética, abuso de drogas, pedofilia, e como a cereja do bolo lindo do nosso século, 50 milhões de bebês mortos a cada ano por abortos. O grito dos inocentes chega às nossas consciências. Muitos carregam o soro derivado do aborto desses bebês mortos, chamado vacina, em seus corpos.

Quem governa o mundo da política, das finanças, dos mercados, dos bancos, conhece apenas o seu mundo, os seus interesses. É inútil negociar com um falso deus, onde os interesses do planeta e das vidas humanas, das almas, não são problema deles, mas eles só têm interesse no deus do dinheiro. Para quem acredita nessas políticas, saiba que elas pertencem ao gado humano e não à raça humana.

Novembro de 2021: Joe Biden é o novo presidente americano.

Roma 2021, uma exposição é montada na Scuderie del Quirinale com todas as obras de arte que representam o inferno: entre elas, a "porta do inferno" de Rodin chega de Paris, chega a uma cidade onde residem os dois papas, onde há é a casa mãe da espiritualidade católica, da história humana.

Há uma tentativa de todas as formas de eliminar o Cristianismo para criar uma nova religião, uma nova força, um novo espírito. Ao longo dos séculos, a verdadeira fé cristã perdeu o seu valor autêntico, o nosso cristianismo reduziu-se a migalhas de verdade, que dia após dia tentamos varrer. Em outras palavras, o cristianismo para nós é mais uma cultura do que uma verdade da mente, da mesma forma que é pregado e também há uma tendência de eliminá-lo de todas as formas. Quando analisamos tudo o que vem acontecendo desde 11 de Setembro de 2001 até hoje, percebemos que o mundo parece ter enlouquecido, possuído por satanás.

A humanidade está invadida por forças malévolas que querem a destruição da vida e da humanidade, o inimigo não é americano, europeu, chinês, árabe, russo, oriental; o inimigo são pessoas malévolas que, em forma oculta, são o duplo estado do mundo. A Rússia, em Fevereiro de 2022, inicia uma guerra contra a Ucrânia; não é uma guerra justa, será lembrada na história como uma guerra provocada. A Rússia foi provocada a ir à guerra porque não foi ouvida nas negociações. A Rússia é o único país em todo o mundo que não ficou do lado da Nova Ordem Mundial, não ficou do lado dos loucos e de Lúcifer. Só fica a tristeza, a amargura de ver a Ucrânia e a Rússia derramarem o mesmo sangue por causa da guerra desejada por uma parte suja da América, onde se escondem os poderosos do mundo, desejada pela União Europeia como serva dos poderes políticos. A Rússia e a Ucrânia têm a mesma cultura, a mesma religião cristã ortodoxa, a mesma história que todos os países do mundo têm, a história das guerras e da paz onde o tempo cura as feridas do velho ódio causado pelo ateísmo comunista. Esta guerra dolorosa foi manipulada por golpes de países estrangeiros apenas para obedecer a uma nova ordem mundial. A história nos dirá como terminará esta luta que caminha para uma terceira guerra mundial ou para uma grave crise econômica. Pessoalmente, não acredito mais na boa vontade humana. O mundo vive em um vórtice maligno, dominado por forças sobrenaturais; podemos reverter essa tendência por meio da oração e da intervenção divina. Em 31 de Dezembro de 2022, morre o Papa Bento XVI, termina a história dos dois papas, no último dia do ano. Em 2023, durante uma festa de carnaval, presenciamos um Jesus Cristo arrastado ao chão pelo diabo e os que mentem para si mesmos que riem disso.

Este diário histórico está prestes a terminar no último dia do carnaval de 2023, amanhã começa o período da quaresma rumo a uma nova Páscoa, decisiva para o destino da consciência humana para com os outros e da própria Igreja.

Minha alma viajou na história primeiro rumo ao passado, depois aos poucos foi passando no tempo até os dias atuais, na dor, nas crueldades, nas falsidades, nas ilusões e nas mentiras da roda do mundo, onde o homem quer ocupar o lugar de Deus, por isso vivemos sempre uma vida infeliz, onde muitos buscam a chave, a solução, onde ao contrário só Deus está acima de tudo, tornando-se ao mesmo tempo a solução e a chave do que chamamos mistério.

Talvez um anjo, levando-me pela mão, convidou-me a trilhar esse caminho rumo a essas visões históricas reais. Este diário orienta você para um conhecimento mais completo da verdade, sem manipulação, sem mentira, onde todos podem pesquisar na internet (que tem sido minha biblioteca de pesquisa). Hoje em dia existem mais mentiras do que verdades para mantê-los prisioneiros no labirinto tecnológico, o coração sincero da pesquisa tem sido o meu fio de Ariadne de saída em direção à verdade. O que escrevi neste diário é um resumo para todos os seres humanos amantes da história. Este diário aponta para outra história, a espiritual de nossa igreja mãe, conta as lutas contra o diabo e seus servos.

Espero que este diário não seja manipulado ou acusado de plágio; este diário é dedicado a todos os seres humanos que buscam migalhas de pura verdade, para terem conhecimento de uma parte do ano de 2023 da história do Cristianismo. Estamos conscientes desta guerra, desta luta contra alguns maus, mas recordamos também que a Virgem Maria disse em Fátima: "Por fim triunfará o meu Imaculado Coração".

Interlúdio

Entre todos aqueles que trabalham para ensinar como realizar-se ou crescer na fé, não há ninguém que saiba dizer a verdade mais profunda do que aquela que São Francisco ensina com base na sua própria experiência: "todo o bem pertence a Deus e dele vem, então lembre-se que você vale quando vale diante de Deus, nem uma migalha a mais".

Despedida de São Francisco: *"Convido todas as pessoas de boa vontade: rezemos humildemente e suplicamos a nós frades, servos menores inúteis, todas as pessoas que desejam servir o Senhor na santa Igreja Católica, eclesiásticos, religiosos e religiosas, toda a criança, adolescentes, jovens, adultos, sãos, enfermos, todos os povos, nações, raças da terra, para nunca se distanciarem da fé e vivê-la na prática porque ninguém pode ser salvo em nenhum outro caminho".*

Capítulo 5
Peças históricas do terceiro segredo de Fátima
(a luta espiritual e humana contra as trevas)

A misteriosa pandemia que surgiu em 2020 como um conflito social e espiritual despertou uma crise intelectual, moral e espiritual em muitas pessoas. O mundo está em crise política, geopolítica, religiosa, social, sanitária, econômica, ética, moral. Portanto, não se surpreenda com a forma como este diário conta a história de dois milênios, com orações, anjos, demônios, santos, Deus. No terceiro milênio, muitos como eu, tomando conhecimento ou por conhecimento de profecias teológicas, têm entendemos que nosso futuro está prestes a mudar, para melhor ou para pior.

Este diário, descrevendo a história dos acontecimentos ocorridos no passado, te conscientiza, dando uma visão mais lógica é muito mais fácil de entender, raciocinar e com razão você perceberá que o mundo gira em torno de um vórtice louco. Ao mesmo tempo, muitos processos históricos estão vindo à tona para revelar as causas, os responsáveis pelo inferno terrestre, tanto política como socialmente e até espiritualmente. No início deste capítulo lemos o sermão de São Francisco a todos os cristãos, que aconselha todas as pessoas de boa vontade a intervir em defesa da fé cristã; em nosso tempo, cheio de confusão, que confunde nossos pensamentos, que tortura nossas almas, é nosso dever intervir mesmo que tenhamos apenas um talento. Há momentos na vida em que até mesmo uma pequena contribuição é necessária. A crise não é apenas um problema de saúde, mas também uma crise política, social e espiritual. O homem ocupou o lugar de Deus nesta terra na sociedade e na Igreja Católica. Se você fizer uma análise desde o início do terceiro milênio, perceberá que todo tipo de mal está atingindo a raça humana, um mal luciferiano. Deus deu sinais de alerta que a humanidade rejeitou como triviais. O raio que atingiu a Basílica de São Pedro no dia da renúncia do Papa Bento XVI, 11 de Fevereiro de 2013, o terremoto ocorrido em 6 de Março de 2013 em Castelgandolfo três dias após a chegada de Bergoglio, o corvo e o gaivota atacando as duas pombas da paz deixadas pelo Papa Francisco junto com dois jovens em 26 de Janeiro de 2014: tudo isso são sinais premonitórios da realização do terceiro segredo de Fátima, ou seja, a morte do Papa e o advento do anticristo , com a luta e a vitória dos corações de Jesus e Maria.

Nada acontece por acaso, todo acontecimento histórico tem uma leitura bíblica, uma leitura profética: Jesus nos ensinou a ler os tempos, mas como o resto de seus ensinamentos, nós os negligenciamos. A história do passado e a do presente devem ser meditadas, devem ter uma leitura espiritual relativa à nossa vida passada, presente e futura. A sociedade inteira do mundo criou um cisma com a natureza, contra Deus; a fumaça de satanás, penetrando na igreja, tenta tornar-se mestre da instituição religiosa e das almas. Mesmo aqueles que se dizem cristãos não querem perceber o drama que a sociedade e a igreja cristã estão passando, não percebem as ofensas contra o Todo-Poderoso. Deus, senhor do céu, da terra, do universo, criador de todas as leis universais, não pode mais deixar o monte de lixo que nós homens com a ajuda do demônio semeamos dentro e fora da igreja.

Lixo social, moral, psicológico, espiritual, lixo na igreja santa madre católica e apostólica. Percebo que não sou a pessoa certa para falar, escrever, comentar sobre temas religiosos, políticos, sociais, mas o terceiro milênio não é feito para professores, médicos, filósofos, professores, especialistas, ministros que da igreja só têm roupa. No terceiro milênio todos são chamados a falar, a profetizar, a defender a vida do homem, da sociedade, da fé católica, das nações. No terceiro milênio é Deus quem distribui licenciaturas e diplomas: mesmo sendo grandes pecadores podemos intervir olhando para a Divina Misericórdia com nosso arrependimento. Neste terceiro milênio, a humanidade está entrando no mundo da consciência que caminha para um futuro melhor, mesmo que as aparências presentes sejam escuras e sombrias. A justiça de Deus está para chegar: Jesus, Maria, os santos, os profetas sempre caminharam com o cristianismo, com a humanidade, para a salvação das almas. Em nossa igreja há ministros que andam com a cruz de Cristo, ministros conservadores que sempre guardam as leis ruins que outros fizeram, ministros progressistas, que estão sempre criando leis piores. Esses ministros ao invés de cuidar das almas, não se importam com as leis de Deus, não se importam com o fato da igreja ter a obrigação de andar com as leis do criador, da moral, da verdade, das virtudes, de mandamentos, de dogmas. A igreja, especialmente neste período, caminha com as leis do estado, caminha com o passado, como os sacerdotes do templo que dividiam suas vestes com o Império Romano e o rei. Hoje a igreja compartilha as vestes com a "nova ordem mundial". A história de dois milênios precisa de uma interpretação, do Império Romano à monarquia, revoluções, comunismo, fascismo, nazismo, democracia e agora a nova ordem mundial. Para compreender o nosso cristianismo,

157

a história da fé do Deus de Abraão, que havia de caminhar com o povo, devemos partir de 358 a.C., quando o povo judeu, após a derrota do império babilônico por Ciro o Grande, voltou para Jerusalém se arrependeu de ter ofendido a Deus e com lágrimas reconstruiu o templo de Salomão destruído pelos babilônios. Por 400 anos Israel não teve mais profetas, o povo esperou pelo Messias. Durante esse tempo, a palavra de Deus estava nas mãos dos sacerdotes do templo, que dela faziam bom e mau uso. No período em que o Messias (isto é, Jesus) apresentou-se ao mundo como homem e como Deus, reinava o rei Herodes, os sumos sacerdotes e o Império Romano, que eram o juízo final e a justiça reinante. Jesus não veio como um revolucionário, como a história tenta fazer crer, mas na sua missão falou da paz, de Deus, do seu Pai que é também nosso Pai, através da cura dos enfermos, da luta contra os demónios, do cumprimento de milagres. Pilatos não encontrou maldade em Jesus, mas os sumos sacerdotes o queriam morto. Aqui começaram as razões e histórias de poder (que ainda hoje acompanham nossas vidas) com imperadores, reis, revoluções políticas e a nova ordem mundial. Com Jesus vivo, os sacerdotes temiam perder o poder que tinham sobre o povo. Jesus crucificado levou nossos pecados sobre Si e ressuscitou como um Redentor com maior poder. Ainda hoje eles tentam destruir a consciência de Jesus de todas as formas, mas ainda não conseguiram. A igreja, apesar do martírio, do sofrimento, dos ataques do diabo, sempre cresceu material e espiritualmente em todo o mundo. Com toda a cultura, arquitetura, escultura, pintura, descobertas, música, invenções, a história dos santos, as aparições marianas, os milagres, ainda hoje tenta-se destruir as leis de Deus, mas não é possível. Lúcifer tentou implementar sua última astúcia, a partir de 1744, tomando posse de um iluminado, Mayer Amschel Rothschild: atualmente seus descendentes controlam o F.E.D. (Banco Central Americano do dólar) e muitos outros bancos no mundo que administram dinheiro público, bem como como o B.C.E. e os países que lhe entregaram o seu poder monetário. Este é o pensamento luciferiano que quer colocar de joelhos nossas crenças cristãs, as leis de Deus: diz Rothschild "dê-me o controle da moeda de uma nação, não me importo com quem faz as leis". Se você entender esta frase, poderá entender a política da direita, do centro, da esquerda, são todos iguais, unidos à União Europeia; o dinheiro faz o seu jogo, o resto manipula, corrompe, ordena, destrói, dirige o destino do mundo, da sociedade e até dos papas no Vaticano, fazendo crer que com o dinheiro também mandas nas leis de Deus, aprisionando as almas para o inferno. O diabo faz potes, mas não tampas. A Divina Misericórdia sempre alertou os homens de muitas maneiras na esperança de conversão, mas seu juramento luciferiano parece irreversível. Isso é para todos, eis o que diz o pensamento de Deus: *"Bem-aventurada a nação que respeita as leis de Deus, não será afetada pela tempestade de fome de grãos, animais, peixes, água potável e tudo o que o homem precisa para sobreviver. Bem-aventuradas as nações que invocam a minha Misericórdia".* O terceiro milênio caminha nessa direção, para o bem ou para o mal. Chuvas, terremotos, tempestades não são problemas climáticos, mas são advertências de Deus escritas na Bíblia Sagrada. Jesus e Maria não pretendem castigar, mas se nossa indiferença continuar a nos fazer blasfemar contra Deus, acabaremos como merecemos. A

159

Hungria é, por enquanto, a única nação do mundo que está corrigindo os erros do passado: nos últimos dez anos, caminhando em direção às leis de Deus, aumentou sua economia, os casamentos aumentaram 50% e eles se casam de joelhos, respeitando os sacramentos da santa madre igreja, as leis do governo caminham com as leis de Deus. Hoje não é possível ser devidamente informado apenas por canais de circuito fechado. Você já se perguntou por quê? Estou falando da Hungria, um país membro da comunidade europeia. Eu sei dessas coisas porque as procuro em várias fontes, reconheço que não posso confiar em ninguém, exceto em pesquisas honestas e sinceras. Somente as nações que fizerem penitência e fizerem as pazes com o Deus Criador serão salvas. Este discurso coincide com as palavras proféticas de Nossa Senhora de Fátima que diz: "várias nações serão aniquiladas! Haverá um castigo que apagará muitos aspectos do mapa do mundo atual. Uma vez terminadas essas punições, o mapa do mundo terá que ser redesenhado." A progressiva mudança social e espiritual que a Hungria vem realizando há mais de dez anos não é uma coincidência, mas parte da profecia da Irmã Maria Natalia Magdolna, uma mística do século XX, que falou com Jesus. Temos as profecias dadas por Nossa Senhora de Fátima, por isso não devemos endurecer os nossos corações, porque senão será em vão e fatal para nós e para as nossas nações. Nesta cruzada todos somos chamados a fazer algo pela Igreja e pelas leis de Deus. O terceiro milênio nos chama a lutar contra as forças do mal, por isso a oração do Santo Rosário e da Divina Misericórdia deve ser dirigida a esta conversão, para reparar nossos pecados. Não subestimemos as mensagens de Nossa

160

Senhora de Fátima, porque ainda não terminaram, mas os castigos estão próximos. Não quero que acreditem neste diário, mas nas pesquisas feitas com consciência que cada um de nós pode verificar, pesquisas que existem desde antes de eu vir ao mundo: continuarei humildemente a contar a história, os fatos que acontecimentos que têm um significado vital para a nossa sobrevivência, as nossas almas, a nossa fé, a nossa bela Santa Madre Igreja.

Em 1930 Jesus envia os últimos avisos ao mundo através da Irmã Faustina Kovalska com a Divina Misericórdia, as profecias esquecidas. O Papa João Paulo II falou da Divina Misericórdia: "A humanidade não encontrará a paz enquanto não recorrer com confiança à Divina Misericórdia" (Praça de São Pedro, 30 de abril de 2000). Através da monja polaca, esta mensagem ficou para sempre ligada ao século XX, último do segundo milénio e ponte para o terceiro milénio. A Divina Misericórdia é portanto o crucifixo, Jesus Nosso Senhor e nosso Deus, não se trata de um pacote promocional de descontos, ou compre três e pague dois... não estamos a falar de uma venda no supermercado das fés! Estas reflexões nos fazem entender que aqui estamos em jogo pela bem-aventurada eternidade! Mesmo que Deus distribua essa misericórdia com as duas mãos, nada pode fazer diante de nossa recusa de conversão.

"Se eu não confessar meu pecado, do que o Senhor deve me perdoar? Diga aos pecadores que sempre espero por eles, escuto o batimento do seu coração para saber quando baterá por mim. Escreva que falo por eles com dores de consciência, com fracassos e sofrimentos, com tempestades e relâmpagos: falo com a voz da igreja, e se eles tornam todas as minhas graças em vão, começo a ficar com raiva deles, abandonando-os para si mesmos e dar-lhes o que eles querem. (do diário da Irmã Faustina Kowalska, maio de 1938). A primeira forma de misericórdia gratuita que Deus nos deu é o batismo, seguido dos outros sacramentos. Quando Jesus diz: *"Eu não vim para condenar"*, então ele nos faz refletir sobre o que ele veio para nos salvar! Já estávamos condenados, pois a encarnação de Deus parte de um projeto totalmente gratuito da compaixão de Deus para com o homem, condenado à infelicidade. Porque sem Deus (que é amor e bondade) só existe o nada, ou pior, o mal. Escuridão, tristeza, angústia, morte, inferno! Assim diz Santa Faustina Kowalska, em seu precioso diário: *"no Antigo Testa-*

mento enviei os profetas ao meu povo com raios. Hoje envio-os à toda a humanidade com a minha Misericórdia. Não quero castigar a humanidade sofredora, mas quero curá-la e segurá-la em meu coração misericordioso. Só utilizo os castigos quando eles mesmos me obrigam, minha mão segura com relutância a espada da justiça. Antes do dia da minha justiça envio o dia da misericórdia". Eu respondi: "Ó meu Jesus, leva-te às almas, pois a minha palavra não importa". Em outras visões e profecias, Jesus diz à Irmã Faustina: *"Minha filha, escreve sobre a Misericórdia para as almas sofredoras. As almas que apelam à minha Misericórdia trazem-me grande alegria, concedo-lhes mais graças do que me pedem. Mesmo que alguém tenha sido o maior pecador, não posso puni-lo se apelar à minha misericórdia. Mas eu o justifico na minha Misericórdia".* "Escreve: antes de vir como juiz justo, abro a porta da misericórdia; que não quer passar pela porta da minha justiça..." O mundo deve aceitar esta graça com arrependimento e penitência para a vida eterna, para não ser castigado no dia da justiça que não sabemos quando será, "você não sabe quando será o tempo determinado" (Marcos 13:33). Ninguém na terra sabe exatamente como se dará a mudança na sociedade: uma coisa é certa, estamos vivendo em uma realidade onde as forças do mal estão contrariando as verdades sociais, morais, espirituais e também da Santa Madre Igreja. Em 31 de dezembro de 2022, morreu o Papa Bento XVI; por quase dez anos tentamos entender o que se escondia por trás da renúncia do papa emérito. Muitos sofreram o drama de Pedro, forçado ao exílio por motivos políticos. Agora o vigário de Cristo não faz mais parte materialmente deste mundo e as incertezas, trevas, suspeitas, desconfianças permanecem na igreja. Haverá toneladas de especulações, reportagens especulativas sobre a vida do Papa Bento XVI, será uma tempestade contra a própria igreja. Ninguém pode dizer como será o futuro imediato, mas uma coisa é certa, os homens governam no Vaticano e não a fé cristã. Cabe a nós decidir se encontraremos uma igreja que caminha com Jesus Cristo ou uma igreja que caminha com o mundo. Cabe a nós, um pequeno grupo que ainda acredita e espera na verdadeira fé de Cristo, acordar os que dormem e se calam.

Santa Catarina de Siena gritou: "você já calou bastante, é hora de parar de calar! Gritem em cem mil línguas!" Vejo que à força do silêncio o mundo apodreceu. Nossos corações estão presos em uma loucura psicológica e espiritual.

O drama da Igreja de hoje é que os dogmas são mistificados, a fé cristã é pregada com heresia, a misericórdia é apresentada com visões que não são as indicadas pelo Diário de Santa Faustina.

As faltas involuntárias das almas não impedem o Meu amor por elas

(Jesus à Irmã Faustina no Diário)

Achei que estava no final do meu diário, mas percebo que estou apenas no começo: ainda temos dois caminhos a percorrer, um oculto e outro profético. Não se trata de erros, mas de ministros da igreja que estão na igreja e que são anticristãos que pregam um evangelho diferente do que são os dogmas cristãos, por isso dize-se: "Anátema" ("mesmo que um anjo vos proclamou um evangelho diferente do que vos foi dado, seja anátema!" São Paulo, Carta aos Gálatas 1, 9). Há também quem considere o Papa Francisco um herege, por isso falamos de apostasia. Todos vocês são convidados por Jesus Cristo a reler as sagradas escrituras, porque ali busca-se a verdade principalmente neste período de confusão, falsidade e mentira. A igreja não é uma questão de conveniência, você recebeu o batismo então você é cristão, siga Jesus carregando sua cruz. A luta que um pequeno grupo cristão trava é uma luta que vem de longe, não é uma batalha nascida com o Papa Francisco, mas é uma história que vem de longe, durante o sacerdócio de São Padre Pio, quando a Maçonaria infiltrou falsos ministros na igreja, que profanaram a igreja. Mais tarde, a Irmã Lúcia entregou ao Vaticano a carta contendo o terceiro segredo de Nossa Senhora de Fátima, que seria revelado ao mundo em 1960, que fala de satanás dentro da igreja. Hoje dentro da igreja vivemos essa profecia, essa luta entre a verdade e a mentira. Esta é a leitura clara, nítida e precisa do pontificado do Papa Bento XVI: de todos os seus discursos emergem provas claras de que o seu pontificado foi perseguido por lobos, pela censura, por jogos de poder, por ministros que traíram a Igreja e o supremo pontífice. A Misericórdia de Jesus e o Imaculado Coração de Maria são os dois pilares da Igreja que não pode trair nem cair.

As forças do mal não prevalecerão! Agora a verdadeira igreja nas catacumbas reza e sofre como outrora, carregando a cruz com Jesus Cristo, alertando o mundo cristão e social dos lobos que, pregando uma má teologia, querem apoderar-se do Vaticano, devorar e condenar as almas.

Continua o terceiro segredo de Fátima, diz respeito a vós, queridos ministros, porque agora tendes o poder que vos foi dado pelo céu: cuidado, cuidado, cuidado! Deus já deu sinais como advertência. Apenas o poder do dinheiro está em suas mãos, o que lhe permite manipular as almas. Deus julgará, Ele que conhece todas as histórias do bem e do mal dentro e fora da igreja. Quando ele faz justiça, pobres aqueles que tentaram desafiá-lo. É por isso que o Papa Bento XVI disse: "na oração estamos unidos". Para compreender o nosso século devemos partir das tentações de Jesus no deserto. O diabo tentou Jesus três vezes, a primeira tentação foi sobre comida, a segunda foi sobre forçar Deus a intervir, a terceira tentação (é sobre o nosso tempo) foi o pedido do diabo para ser adorado. "O diabo levou Jesus ao monte mais alto e mostrou-lhe todos os reinos do mundo com a sua glória e disse-lhe: Tudo isto te darei se, prostrado, me adorares" (Mateus 4:8-9).

Nada vem por acaso, nada já está garantido. Nosso tempo, apesar de suas contradições, tem uma leitura profética, uma mudança de consciência, uma leitura mais clara do valor de nossa igreja mãe. Jesus e Maria não estão mais dispostos a uma igreja profana para o bem das almas. Para isso iniciaram uma cruzada a partir de 1830, de onde este diário contará sua história. A história da era mariana, na qual ainda hoje existem Jesus e Maria que lutam contra as forças do mal para levar as almas à salvação.

"O inimigo sempre tentará retardar sua oração, porque ele sabe que sua oração pode detê-lo."

Devemos começar novamente com a oração para sermos como criancinhas que mamam no seio de uma mãe para se alimentar de verdades espirituais. Devemos recomeçar do primeiro mandamento: "Não terás outro Deus além de mim". Um credo, uma fé, uma igreja, branca por fora e branca por dentro. A igreja com duas guerras e dois pós-guerras perdeu o caminho de Deus e suas leis, basta resumir nossos atos imorais em pensamentos, palavras, obras, para perceber como estávamos totalmente fora do caminho de Deus, mas dentro do Divino Misericórdia, para aqueles que reconheceram suas faltas e pecados com arrependimento.

Os séculos XX e XXI viram a realização de um apocalipse social, moral, espiritual, onde o que importava eram apenas as leis feitas pelos homens que colocaram a igreja, os cristãos, os católicos, os crentes, a fé, de joelhos e em crise. a sociedade. Chegamos à encruzilhada deste diário histórico onde há dois caminhos: um vai para o inferno, o outro para a vida eterna; depois há a misericórdia divina que decidirá o nosso destino, que depende da nossa conversão e das nossas orações. O Papa João II e o Cardeal Ratzinger na via Crucis na Sexta-feira Santa de 2005, fizeram uma viagem da cruz de purificação para a igreja, para seus ministros e para todos os cristãos da Igreja Católica.

Via Crucis na Sexta-Feira Santa de 2005

Na primeira estação, o Cardeal Ratzinger, referindo-se à traição de Pedro, disse: *"quantas vezes nós também preferimos o sucesso à verdade, nossa reputação à justiça... dá força às nossas vidas, à voz sutil da consciência, à tua voz, Senhor. Olhe para mim como você olhou para Pedro depois de sua negação"*. O cardeal continuou denunciando como o cristianismo, cansado da fé, abandonou o Senhor em nosso tempo. Depois de aludir aos estragos das ideologias, ele perguntava-se: *"não deveríamos pensar também em quanto Cristo deve sofrer em sua própria igreja? Quantas vezes o santo sacramento é abusado em sua presença, em que vazio e maldade de coração ele frequentemente entra? Quantas vezes celebramos apenas a nós mesmos sem ao menos perceber quantas vezes sua palavra é distorcida e abusada! Quão pouca fé existe em tantas teorias, quantas palavras vazias! Quanta sujeira há na igreja, mesmo entre aqueles que, no sacerdócio, deveriam pertencer totalmente a Ele! Quanto orgulho! A traição dos discípulos, a recepção indigna de seu corpo e do seu sangue, é certamente a maior dor do Redentor".*

E novamente ele disse: *"Senhor, a tua igreja muitas vezes nos parece um barco prestes a afundar, um barco que está vazando por todos os lados, com a nossa queda nós te arrastamos para o chão e satanás ri disso, porque ele espera que você não será mais capaz de se levantar. Mas Você vai se levantar."* O futuro Papa Bento XVI afirmou que *"mesmo nesta hora da história vivemos nas trevas de Deus"* e depois citou aquele versículo apocalíptico do Evangelho de Lucas que citava também o Papa Paulo VI em referência ao nosso tempo, onde pergunta-se a Jesus: "mas quando vier o filho do homem, encontrará fé na terra?" O texto da Via Crucis fazia uma referência clara às palavras de Nossa Senhora de Fátima: *"no fim triunfará o meu coração imaculado!"* (textos extraídos do discurso de Ratzinger e do livro "O segredo do Padre Pio" de Antonio Socci).

Uma mãe do céu não pode ver seus filhos perdidos, essa mãe incansável recolheu no Gólgota, com o sangue divino, o testamento do redentor moribundo, que declarou Maria nossa mãe, mãe dos pecadores. Pode-se começar a esperar precisamente quando não há mais nada a esperar: a Mãe de Jesus disse a mesma coisa em 1830, falando à Irmã Catarina de nosso tempo: *"chegará a hora, o perigo será grande, acreditaremos que tudo está perdido. Então estarei com você."*

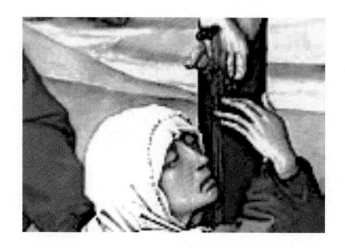

Maria é uma mãe que sempre esteve próxima dos dramas humanos, próxima para afastar nossas almas do cruel inimigo. Uma mãe espiritual, a mãe de Jesus, nossa mãe, que sustenta a cruz de seu filho com amor, sofrimento e lágrimas para salvar almas e defender a igreja, a fé. Esta mãe no Gólgota está sozinha, ela abraça e apoia seu filho sob a cruz. Todos os outros fugiram, ela foi deixada sozinha. Chegou a hora de lutarmos, de orarmos sem nos perguntar o que a igreja pode fazer por nós, mas o que nós cristãos podemos fazer pela igreja. Este diário agora volta-se para a história das aparições, quando a Virgem Maria resgatou a humanidade em tempos de guerra. O diabo também fez guerra à Igreja, aos padres, aos Papas, primeiro com a revolução francesa, depois com o comunismo, com o socialismo, depois com o nazismo, depois com a democracia. Desde a Revolução Francesa até os dias atuais, as leis de Deus foram mudadas pelas leis dos homens, por isso a cruzada de Jesus e Maria nos remete à luta e reconquista das leis divinas.

Maria se torna nossa advogada. A última cruzada da mãe de Jesus contra as forças do mal começou em 1830, quando Maria apareceu à Irmã Catherine Labouré na França e encarregou-a de cunhar uma medalha (que foi então cunhada em 1832), a medalha das graças, convidando-a promover a sua difusão entre os fiéis que, levando-a ao pescoço, teriam recebido grandes graças.

Desenhos na medalha das graças: a mãe de Jesus aparece de braços abertos, apoiando os pés sobre um globo, esmagando uma cobra; de suas mãos saem raios em todas as direções; ao redor da Madona ditou que fossem gravadas as seguintes palavras: "Ó Maria, concebida sem pecado, rogai por nós que recorremos a vós". No verso da medalha destaca-se muito bem a letra M, acima da qual aparece a cruz e abaixo o ss. Corações de Jesus e Maria, enquanto doze estrelas coroam ao redor: representam o carisma do poder espiritual contra as forças do mal e do inimigo cruel que querem destruir a igreja, a fé e as obras sagradas, para ter poder sobre as almas.

Nossa Senhora de Lourdes (França)

Entre 11 de Fevereiro e 16 de Julho de 1858, a jovem Bernadette Soubirous relatou ter testemunhado 18 aparições de uma
bela dama em uma caverna não muito longe do pequeno su-
búrbio de Massabielle. Ela viu uma bela senhora usando um
vestido branco, um véu branco, um cinto azul e tinha uma rosa
amarela nos pés.

11 de Fevereiro de 1858, primeira aparição.

14 de Fevereiro de 1858, segunda aparição.

18 de Fevereiro de 1858, terceira aparição (pela primeira vez a
senhora dirige-se a Bernadette). A jovem entrega-lhe uma

caneta e um pedaço de papel pedindo-lhe que escreva o seu nome, a senhora responde: "não é necessário" e continua "Não prometo fazer-te feliz neste mundo, mas no outro. Você pode ter a bondade de vir aqui por quinze dias?

19 de Fevereiro de 1858, quarta aparição, Bernadette vai à gruta com uma vela abençoada.

20 de Fevereiro de 1858, quinta aparição, a Senhora lhe ensina uma oração pessoal. No final da oração, a menina fica triste.

21 de Fevereiro de 1858, sexta aparição. A notícia se espalhou e Bernadette é seguida por mais de cem pessoas até a caverna, depois é interrogada pelo comissário de polícia.

23 de Fevereiro de 1858, sétima aparição, Bernadette com cerca de 150 pessoas chega à gruta onde recebe um segredo da Senhora só para ela.

Em 24 de Fevereiro de 1858, oitava aparição, a Senhora dirige-se a Bernadette dizendo: "penitência, penitência, penitência! Ore a Deus em expiação dos pecadores".

25 de Fevereiro de 1858, nona aparição, Bernadette, acompanhada por cerca de 300 pessoas, a pedido da Senhora cava com as mãos no chão lamacento, encontra apenas um pouco de água barrenta, que bebe, e também come um pouco de grama que estava por perto na fonte. A multidão que a acompanha pensa que ela é louca, mas ela responde que faz isso pelos pecadores.

27 de Fevereiro de 1858, décima aparição, Bernadette bebe água da fonte e faz gestos de penitência; a aparição é silenciosa e cerca de 800 pessoas a assistem.

28 de Fevereiro de 1858, décima primeira aparição, Bernadette reza, beija o chão e caminha de joelhos em sinal de penitência,

cerca de mil pessoas estão presentes, no final ela é levada ao juiz que ameaça mandá-la para a prisão.

1º de Março de 1858, décima segunda aparição, um padre está presente pela primeira vez junto com mais de 1500 pessoas. Durante a noite, ocorre o primeiro suposto milagre: uma mulher chamada Catherine Latapie mergulha seu braço paralisado na água da nascente e recupera a mobilidade do membro.

2 de Março de 1858, décima terceira aparição, a multidão aumenta dramaticamente; a Senhora, dirigindo-se a Bernadette, diz: "Diga aos padres que venham aqui em procissão e construam uma capela". Bernadette conta ao padre Peyramale, pároco de Lourdes. Ele não quer saber e só quer saber uma coisa: o nome da Bela Dama. Além disso, ele pede uma prova: poder ver o jardim de rosas da gruta florescer em pleno inverno.

3 de Março de 1858, décima quarta aparição, no início da manhã Bernadette vai para a caverna cercada por cerca de 3.000 pessoas, porém a aparição não acontece. Depois da escola, porém, Bernadette ouve o convite interior da Senhora, volta para a caverna e pergunta seu nome, a Senhora responde com um sorriso. No entanto, o pároco insiste: se a senhora quer mesmo uma capela, que diga o seu nome e deixe florescer o roseiral da gruta.

4 de Março de 1858, décima quinta aparição, a multidão é cada vez maior: são cerca de oito mil pessoas à espera de um milagre, depois da quinzena de Ave Maria do Rosario. A visão é silenciosa. O pároco Peyramale ainda permanece de sua ideia. Nos 20 dias que se seguiram, Bernadete não foi mais à gruta, não ouviu mais o convite da Senhora.

25 de Março de 1858, décima sexta aparição, é o dia da Anunciação. Por fim, a Senhora revela seu nome, mas o jardim de rosas (de rosas caninas) em que Nossa Senhora repousa os pés durante suas aparições não florescerá. Bernadette diz: "Ela levantou os olhos para o céu, unindo, em sinal de oração, as mãos estendidas e abertas para a terra, ela me disse: "Que soy era Immaculada Councepciou" (Eu sou a Imaculada Conceição), expressando-se no dialeto local. A vidente começa a correr para o pároco, repetindo essas palavras desconhecidas no caminho. Palavras que vão impressionar e comover o pároco Peyramale. Bernadette não poderia conhecer esta expressão teológica que descrevia a Santa Virgem. De fato, apenas quatro anos antes, em 1854, o Papa Pio IX havia feito dela uma verdade dogmática da fé católica, que não poderia ter permanecido desconhecida para aquela humilde jovem.

7 de Abril de 1858, décima sétima aparição, nesta ocasião Bernardette tem sua vela acesa. A chama envolve abundantemente sua mão sem queimá-la. Esse fato é imediatamente percebido por um médico presente na multidão, o Dr. Douzous.

16 de Julho de 1858, décima oitava aparição, Bernadette avisa o misterioso apelo para voltar à gruta, mas o acesso é proibido e não pode ser acessado devido a uma grade. Ele irá, portanto, em frente à Gruta, do outro lado do rio Gave. "Eu me senti em frente à Gruta, na mesma distância das outras vezes, só vi a Virgem, nunca a vi tão linda!"

A história de Nossa Senhora de Pompeia

A história começa quando Bartolo Longo, que teve uma juventude viciosa e contrária à moral católica, enquanto estava no campo ouviu a voz de Nossa Senhora que lhe disse: "Se espalhares o Rosário serás salvo". Assim, Bartolo Longo começou a divulgar o culto desta oração em honra de Nossa Senhora. Ele também pensou em ir a Nápoles para comprar uma pintura da Mãe Celestial, para poder rezar na presença de sua imagem. Recorreu à Irmã Maria Concetta do convento da Porta Medina, que lhe deu um quadro em péssimo estado de conservação, faltando traças e restos de cor. O bem-aventurado o comprou e o transportou para Pompéia em uma carroça que costumava ser usada para transportar estrume. A pintura chegou a Pompéia pela primeira vez no final da tarde de 13 de Novembro de 1875, foi descarregada em frente à igreja paroquial do Santissimo Salvatore, onde o idoso pároco Cirillo e outros habitantes a esperavam. A consternação que inicialmente

177

se tinha apoderado de Bartolo também se apoderou de todos os outros presentes e todos concordaram que a pintura não poderia ser exibida até depois de uma restauração. Só mais tarde foi descoberto o grande valor artístico da pintura, que foi feita por um aluno de Luca Giordano; ao mesmo tempo, iniciou-se a construção da Basílica, em 8 de Maio de 1876, com a coleta de oferendas, precisamente no local exato onde Bartolo Longo ouvira a voz de Nossa Senhora. Fundamental para a construção do templo mariano foram as doações conspícuas da Condessa Marianna De Fusco. Durante o restauro do quadro, Santa Rosa foi transformada em Santa Catarina de Siena. Além disso, foram acrescentadas pedras preciosas à tela, que no entanto foram retiradas durante o restauro de 1965. Além da construção do santuário, o beato Bartolo Longo escreveu uma súplica de misericórdia a Nossa Senhora, uma súplica carismática que nos alerta para a necessidade de confessarmos as nossas faltas, as ofensas que a humanidade comete contra Deus.

Texto da súplica a Nossa Senhora de Pompeia:

Ó Augusta Rainha das Vitórias, ó Soberana do Céu e da Terra, em cujo nome os céus se alegram e os abismos estremecem, ó Gloriosa Rainha do Rosário, nós, filhos devotos vossos, reunidos em vosso Templo de Pompéia, neste dia solene, derramamos os afetos do nosso coração e com a confiança de crianças expressamos a você nossas misérias.

Do Trono da clemência, onde te sentas como Rainha, volta, ó Maria, teu olhar compassivo sobre nós, sobre nossas famílias, sobre a Itália, sobre a Europa, sobre o mundo. Tenha compaixão dos problemas e dores que amargam nossas vidas. Vede, ó Mãe, quantos perigos na alma e no corpo, quantas calamidades e aflições nos obrigam.

Ó Mãe, rogai por nós misericórdia a vosso divino Filho e conquistai com a clemência os corações dos pecadores. São nossos irmãos e vossos filhos que custam sangue ao doce Jesus e entristecem vosso sensível Coração. Mostre-se a todos quem você é, Rainha da paz e do perdão.

Ave Maria

É verdade que nós, primeiro, embora seus filhos, com nossos pecados voltamos para crucificar Jesus em nossos corações e perfurar seu coração novamente. Confessamos: merecemos os mais duros castigos, mas lembrai-vos que no Gólgota recolheste, com o divino Sangue, o testamento do moribundo Redentor, que vos declarou nossa Mãe, Mãe dos pecadores. Vós, portanto, como nossa Mãe, sois nossa Advogada, nossa esperança. E nós, gemendo, estendemos nossas mãos suplicantes a você, clamando: Misericórdia!

Ó boa Mãe, tende piedade de nós, de nossas almas, de nossas famílias, de nossos parentes, de nossos amigos, de nossos defuntos, sobretudo de nossos inimigos e de tantos que se dizem cristãos, mas ofendem o amável Coração do vosso Filho.

Piedade hoje imploramos pelas nações que se desviaram, por toda a Europa, pelo mundo inteiro, para que voltem arrependidos ao teu Coração. Misericórdia para todos, ó Mãe de Misericórdia!

Ave Maria

Graciosamente dignai-vos, ó Maria, conceder-nos! Jesus colocou em suas mãos todos os tesouros de suas graças e misericórdias. Tu estás, Rainha coroada, à direita de teu Filho, brilhando com glória imortal acima de todos os Coros dos Anjos. Você estende seu domínio até onde os céus se estendem, e a terra e todas as criaturas estão sujeitas a você. Você é todo-poderosa pela graça, então você pode ajudar-nos. Se você não quisesse nos ajudar, porque somos filhos ingratos e indignos de sua proteção, não saberíamos a quem recorrer. Seu coração maternal não permitirá que nós, seus filhos, nos vejamos perdidos. A Criança que vemos sob os seus joelhos e a Coroa mística que admiramos em sua mão, inspiram-nos a confiança de que seremos ouvidos. E confiamos plenamente em vós, abandonamo-nos como filhos débeis nos braços da mais terna das mães e, hoje, esperamos de vós as tão esperadas graças.

Ave Maria

Pedimos a bênção de Maria

Pedimos-te agora uma última graça, ó Rainha, que não nos podes negar neste dia tão solene. Concede a todos nos o teu amor constante e de modo especial a tua bênção materna. Não te deixaremos até que nos tenhas abençoado. Abençoa, ó Maria, neste momento, o Sumo Pontífice.

Ao antigo esplendor da tua Coroa, aos triunfos do teu Rosário, pelo qual és chamada Rainha das Vitórias, acrescenta ainda isto, ó Mãe: concede triunfo à Religião e paz à sociedade humana. Abençoe os nossos Bispos, Sacerdotes e especialmente todos aqueles que são zelosos pela honra do seu Santuário. Finalmente, abençoe todos os associados ao seu Templo de

Pompéia e todos aqueles que cultivam e promovem a devoção ao Santo Rosário.

Ó Santo Rosário de Maria, doce Cadeia que nos liga a Deus, laço de amor que nos une aos Anjos, torre de salvação nos assaltos do inferno, porto seguro no naufrágio comum, nunca mais te deixaremos. Você estará lá de consolo na hora da agonia, para você o último beijo da vida que desvanece. E o último acento de nossos lábios será teu doce nome, ou Rainha do Rosário de Pompéia, ou nossa querida Mãe, ou Refúgio dos pecadores, ou Soberana consoladora dos tristes. Seja abençoada em todos os lugares, hoje e sempre, na terra e no céu. Amém. Olá Rainha.

Visões do Padre Pio

Em 12 de março de 1913, o Santo Padre Pio teve terríveis visões de como Jesus era tratado por seus sacerdotes, visões onde Jesus estava se lamentando, sofrendo, desfigurado e cheio de sangue.

Padre Pio transcreveu para seu diretor espiritual uma visão chocante, que ele teve, na qual Jesus disse: *"Com quanta ingratidão meu amor é retribuído pelos homens! Eu teria ficado menos ofendido por eles se os amasse menos. Meu pai não quere os aguentar mais."* Jesus lamenta a traição das *"almas mais queridas por mim"*, diz que é deixado sozinho nas igrejas, que *"nunca se fala deste sacramento de amor"*, *"meu coração está esquecido, ninguém mais se importa com meu amor"*. E então ele pronuncia palavras dramáticas sobre os eclesiásticos: *"Minha casa se tornou um teatro de diversão para muitos; também meus ministros, a quem sempre olhei com predileção, a quem amei como a menina dos meus olhos; eles deveriam confortar meu coração amargo; eles deveriam me ajudar na redenção de almas, mas quem iria acreditar? Deles devo receber ingratidão e ignorância: veja, meu filho, muitos deles que"* (a esta altura o Padre diz que Jesus foi tomado por soluços) *"sob disfarce de hipócrita me traem com comunhões sacrílegas..."*. Por fim, Padre Pio transcreveu estas palavras vertiginosas e desconcertantes de Jesus: *"Meu filho, preciso de vítimas para acalmar a justa e divina cólera de meu Pai; renove para mim o sacrifício de ti mesmo e faça-o sem reservas".* O sacrifício foi imediatamente renovado com entusiasmo. Mas no dia 7 de abril seguinte, o Padre relatou ao diretor espiritual uma nova, grande e apocalíptica visão que deve ser transcrita e lida com atenção, pois contém o primeiro anúncio da missão para a qual Padre Pio foi chamado. Então Jesus lhe apareceu novamente, espancado e desfigurado, mostrando-lhe uma grande multidão de sacerdotes e vários dignitários eclesiásticos. Por que Jesus sofreu tanto? "Seu olhar voltou-se para aqueles sacerdotes, mas um pouco depois, quase horrorizado e como se estivesse cansado de olhar, desviou o olhar e quando o ergueu para mim, para meu grande horror, observei duas lágrimas escorrendo por suas faces. Ele se afastou daquela multidão de padres com uma grande expressão de desgosto no rosto, gritando: *"Carniceiros!"* E voltando-se para mim disse: *"Meu filho, não acredites que a minha agonia durou três horas, não; estarei em agonia até o fim do mundo por causa as almas mais beneficiadas por mim. Durante o tempo da minha agonia, meu filho, não se deve dormir. Minha alma vai em busca de algumas gotas de misericórdia humana, mas, infelizmente, eles deixam-me sozinho sob o peso da indiferença. A ingratidão e o sono dos meus ministros tornam mais pesada a minha agonia. Ai, quão mal eles combinam com o meu amor! O que mais me aflige é que ao seu indiferentismo, eles juntam o seu desprezo e a sua descrença. Quantas vezes eu estava prestes a eletrocutá-los, se não tivesse sido contido pelos anjos e pelas almas apaixonadas por mim. Escreva a seu Pai e conte a ele o que você viu e ouviu de mim esta manhã. Diga-lhe que mostre sua carta ao padre provincial".* Jesus continuou, mas o que Ele disse, eu nunca poderei revelar a nenhuma criatura neste mundo. Esta aparição causou-me tamanha dor no corpo, mas ainda mais na minha alma, que durante todo o dia fiquei prostrado e teria pensado que morreria se o dulcíssimo Jesus já não me tivesse revelado...".

Aqui Padre Pio deixa a sentença suspensa, com os pontos finais. Mas a lógica do discurso sugere que Jesus lhe revelou que teria de viver muito tempo, evidentemente para cumprir uma missão. Que missão? Pouco antes há a confidencialidade do Padre sobre um segredo que "não poderá revelar a nenhuma criatura", mas que é obviamente pertinente à dramática situação presente e futura da Igreja. A coerência do tudo sugere, portanto, que algo indizível, apocalíptico acontecerá à Igreja, sobretudo ao sacerdócio, à hierarquia, e que Padre Pio era chamado a uma longa missão para mostrar a verdadeira face do sacerdócio em tempos sombrios. De fato, logo depois, Padre Pio acrescentou um seu pensamento: "Infelizmente, Jesus tem razão em reclamar da nossa ingratidão. Quantos infelizes irmãos nossos correspondem ao amor de Jesus lançando-se de braços abertos na infame seita da maçonaria. Vamos orar por eles". É espantoso que tal visão, ainda que citada nas diversas biografias, não seja considerada explicada historicamente. A aparição de Jesus, todo ferido, gritando *"Carniceiros!"* dirigido aos eclesiásticos certamente não é algo trivial ou para ser deixado de lado. É algo para ponderar com cuidado. O lamento de Jesus sobre os "meus ministros" lembra o que o próprio Senhor fez com a Irmã Lúcia, a vidente de Fátima, na aparição de Agosto de 1931 onde, referindo-se à recusa da hierarquia em consagrar a Rússia ao Imaculado Coração de Maria, como solicitado pelo Virgem para acabar com a perseguição stalinista, Jesus pronunciará estas terríveis palavras: *"Avisa aos meus ministros, já que seguem o exemplo do Rei da França, retardando o cumprimento do meu pedido, que o seguirão também na desgraça".*

O "segredo" que Padre Pio afirmou ter que guardar parece, portanto, dizer respeito a eventos futuros e arrepiantes relacionados à Igreja. Acontecimentos semelhantes foram manifestados pela própria Nossa Senhora aos três pastorzinhos de Fátima a 13 de Julho de 1917, na segunda e terceira partes do Segredo, dado que muitos elementos sugerem que também a parte do terceiro segredo ainda não revelada diz respeito a esta profecia.

(textos extraídos do livro "Il segreto di Padre Pio" de Antonio Socci)

O Anjo de Portugal (das memórias da Irmã Lúcia)

"Quando vivemos momentos difíceis, Maria, a mãe de Jesus e nossa mãe, vem ao nosso encontro para nos conduzir à paz!" Antes das aparições de 13 de Maio de 1917, três crianças brincavam nos campos, era 1916, o anjo da paz havia aparecido às três crianças três vezes em uma luz branca, o vento balançava as árvores; no meio daquela luz apareceu a figura de um jovem que se apresentou dizendo: "não tenha medo, eu sou o anjo da paz, reze comigo". Às crianças ajoelhadas no chão, com as cabeças inclinadas para o chão, ele as fazia repetir três vezes: "Meu Deus, eu creio, adoro, espero e Vos amo, peço perdão para aqueles que não acreditam, não adoram, não esperam e não Vos amam". Então o anjo disse: "orai assim, os corações de Jesus e de Maria estão atentos à voz das súplicas".

Na segunda aparição, o anjo dirigiu-se a eles com estas palavras: "O que vocês estão fazendo? Ore, ore muito! Os corações de Jesus e de Maria têm sobre vós desígnios de misericórdia. Ofereça constantemente orações e sacrifícios ao Altíssimo." As crianças perguntaram "como vamos nos sacrificar?" o anjo respondeu "como puderes, em reparação de todos os pecados com que (Jesus) é ofendido e vos implora pela conversão dos pecadores. Eu sou o anjo da guarda, o anjo de Portugal. Acima de tudo, aceite e suporte humildemente os sofrimentos que o Senhor lhe enviar!"

Na terceira aparição do anjo, foi no outono de 1916, as crianças haviam começado suas orações quando a luz apareceu, viram o anjo com um Cálice na mão, encimado por uma Hóstia, da qual algumas gotas de Sangue caiam no Cálice. O Anjo deixou o Cálice e a Hóstia suspensos no ar e, prostrado por terra ao lado dos pastorzinhos, repetiu, por eles imitado, três vezes uma nova oração: *"Santíssima Trindade, Pai, Filho e Espírito Santo, eu Vos adoro profundamente e Vos ofereço o preciosíssimo Corpo, Sangue, Alma e Divindade de Jesus Cristo, presente em todos os sacrários do mundo, em reparação dos ultrajes, sacrilégios, indiferenças com que Ele mesmo é ofendido. Pelos méritos infinitos do seu Sagrado Coração e do Coração Imaculado de Maria, peço-Te a conversão dos pobres pecadores".* Depois tomou novamente o Cálice e a Hóstia e deu a Hóstia à Lúcia e o Sangue do Cálice ao Francisco e à Jacinta dizendo: *"Tomai e bebei o Corpo e o Sangue de Jesus Cristo, horrivelmente ultrajado pelos homens ingratos. Reparai os seus crimes e console o seu Deus".* Depois voltou a prostrar-se e repetiu mais três vezes a oração: *"Santíssima Trindade..."* e depois desapareceu.

Fátima

Em Fátima, no dia 13 de Maio de 1917, três pastorzinhos, Lúcia, Francisco e Jacinta, enquanto pastavam as ovelhas, viram descer do céu uma bela Senhora vestida de branco mais brilhante que o sol. A bela senhora disse: *"Não tenha medo, não quero vos machucar"*. Lúcia perguntou: "De onde você vem?" *"Eu vim do céu"*, respondeu a Senhora. Lúcia perguntou: "O que você quer?" *"Vim pedir que venham aqui seis meses seguidos, depois direi quem sou e o que quero"*. Lúcia disse: "Você vem do Céu e eu irei para o Céu?" *"Sim, tu vais"* "e a Jacinta?" *"Também"* "e Francesco?" *"Ele também, mas terá que rezar muitos rosários"*. Por fim, Nossa Senhora perguntou: *"Quereis oferecer-vos a Deus? Estais dispostos a aceitar todos os sofrimentos que ele vos enviar, num ato de reparação pelos pecadores com os quais é ofendido e de súplica pela conversão dos pecadores?"* Os pastorzinhos responderam: "sim, queremos!" *"Você terais que sofrer muito, mas a graça de Deus será o vosso conforto".* Dito isso, ela abriu as mãos com um gesto amoroso de mãe e ofereceu seu coração: dele saiu uma luz intensa que alcançou os meninos. A visão desapareceu dizendo *"recite o rosário todos os dias para obter a paz no mundo para o fim da guerra!"* Na segunda aparição de Nossa Senhora, em 13 de Junho de 1917, acompanhadas por cerca de 50 pessoas, as crianças estavam rezando o terço quando houve um clarão e logo em seguida a Senhora apareceu como em Maio. "O que você quer de mim?" Lúcia pediu, a Senhora disse: *"Quero que venhas aqui no dia 13 do próximo mês e recite o terço todos os dias e aprenda a ler, depois eu vou te dizer o que mais eu quero".* Lúcia disse: "Gostaria de pedir que você nos levasse para o céu". *"Sim, Jacinta e Francesco eu os trarei em breve, mas você deve ficar aqui mais um pouco, Jesus quer usar você para me fazer conhecer e amar. Ele quer estabelecer no mundo a devoção ao meu coração imaculado: aos que a praticaram prometo a salvação; essas almas serão favorecidas por Deus e como flores, serão colocadas por mim diante do seu trono!"* Então Lúcia perguntou "Vou ficar aqui sozinha?" Nossa Senhora respondeu *"não desanime, nunca te abandonarei, meu coração imaculado será o teu refúgio e o caminho que te levará a Deus!"* Depois abriu as mãos, que iluminaram os meninos: a Jacinta e o Francisco estavam na luz que subia para o céu, a Lúcia naquela que se espalhava pela terra. Diante da palma da mão direita da Senhora estava um coração rodeado de espinhos que o transpassaram, eles entenderam que era o coração imaculado de Maria ultrajado pelos pecados dos homens e ela estava a pedir reparação!

189

Em 13 de Julho de 1917, enquanto rezavam o rosário, a luz branca apareceu novamente para eles. Lucia perguntou: "O que você quer de mim?" Ela respondeu *"venha aqui no dia 13 do próximo mês e continue a rezar o rosário todos os dias para obter a paz no mundo e o fim da guerra, porque só Ela poderá ajudá-vos"*. Lúcia disse: "Gostaria de pedir que nos diga quem Ela é e faça um milagre para que acreditem que Ela aparece para nós" respondeu Nossa Senhora *"continuem vindo aqui todos os meses. Em outubro direi quem sou, o que quero e farei um milagre que todos poderão ver para crer! ... Sacrificai-vos pelos pecadores, e dizei muitas vezes, sobretudo cada vez que fizerdes algum pequeno sacrifício: Ó Jesus, é por vosso amor, pela conversão dos pecadores e em reparação dos pecados cometidos contra o Imaculado Coração de Maria!"* Ao dizer essas palavras, abriu as mãos e os três pastorzinhos viram um mar de fogo, no qual demônios e almas estavam imersos como se fossem brasas transparentes e negras, ou bronze, em forma humana, flutuando no fogo carregado pelas mesmas chamas, junto com nuvens de fumaça caindo de todos os lados, (...) entre gritos e gemidos de desespero que despertavam horror e faziam tremer de medo. As crianças assustadas ergueram os olhos para a Senhora que disse com bondade e tristeza: *"Viste o Inferno, onde caem as almas dos pobres pecadores. Para salvá-los, Deus quer estabelecer no mundo a devoção ao Meu Imaculado Coração. Se fizerem o que eu digo, muitas almas serão salvas e terão paz. A guerra está prestes a terminar, mas se eles não pararem de ofender a Deus, outra pior começará no pontificado de Pio XII. Quando vires uma noite iluminada por uma luz desconhecida, saibam que é o grande sinal que Deus vos dá, que castigará o mundo pelos seus crimes, através da guerra, da fome e das perseguições à Igreja e ao Santo Padre. Para impedi-la, virei pedir a consagração da Rússia ao Meu Imaculado Coração e a Comunhão reparadora nos primeiros sábados. Se ouvirem os Meus pedidos, a Rússia converter-se-á e haverá paz, se não, espalhará seus erros pelo mundo, provocando guerras e perseguições à Igreja. Os bons serão martirizados, o Santo Padre terá muito que sofrer, várias nações serão destruídas. Finalmente Meu Imaculado Coração triunfará. O Santo Padre me consagrará a Rússia, que se converterá, e ao mundo será concedido algum tempo de paz. Em Portugal, o dogma da Fé será sempre preservado; etc..."*

Terceiro segredo de Fátima: a perseguição à Igreja (o segredo encerrado no envelope que o Papa tinha que abrir a partir de 1960 por vontade expressa de Nossa Senhora). Este é o texto da mensagem, tornada pública pela Igreja Católica em 2000:

"Depois das duas partes que já expliquei, do lado esquerdo de Nossa Senhora e um pouco mais acima, vimos um Anjo com uma espada flamejante em sua mão esquerda; piscando, emitia grandes chamas que pareciam incendiar o mundo inteiro; mas extinguiram-se ao toque do esplendor que Nossa Senhora emanava da sua mão direita para ele: o Anjo, apontando para a terra com a mão direita, disse em alta voz: Penitência, Penitência, Penitência! E vimos ("algo semelhante a como as pessoas se veem num espelho quando passam diante dele"), numa luz imensa que é Deus, um bispo vestido de branco ("pressentimos que era o Santo Padre"), outros bispos, padres, religiosos e religiosas subir uma montanha íngreme, no topo da qual havia uma grande cruz de troncos toscos, como se fosse

cortiça com casca; o Santo Padre, antes de chegar lá, atraves-
sou uma grande cidade meio em ruínas e meio trêmulo, com
passo vacilante, aflito de dor e sofrimento, rezava pelas almas
dos cadáveres que encontrava em seu caminho; tendo che-
gado ao topo da montanha, prostrado de joelhos ao pé da
grande Cruz, foi morto por um grupo de soldados que lhe dis-
pararam vários tiros e flechas, e da mesma forma morreram um
após o outro os bispos, padres, religiosos e várias pessoas se-
culares, homens e mulheres de várias classes e posições. Sob
os dois braços da Cruz estavam dois Anjos, cada um com um
regador de cristal na mão, no qual recolhiam o sangue dos Már-
tires e com ele irrigavam as almas que se aproximavam de
Deus".

Antes de sair, a Senhora perguntou: "Quer aprender uma oração?" "sim, nós queremos!" *"Ao rezar o rosário, diga no final de*
cada dezena: Ó Jesus, perdoa os nossos pecados, salva-nos
do fogo do inferno e leva todas as almas para o céu, especial-
mente as mais necessitadas da tua misericórdia!" Quarta aparição de Nossa Senhora. No dia 13 de agosto, as crianças foram presas pelo administrador de Vila Nova de Ourém e leva-
das para longe de Fátima. O administrador quis a todo custo
(mas em vão) arrebatar deles o segredo confiado pela Santíssima Virgem. Por isso não houve aparição de Nossa Senhora
na Cova da Iria, embora as pessoas que ali se aglomeraram
testemunhassem ter ouvido um trovão e visto uma nuvem
branca parar numa azinheira. As crianças foram libertadas no
dia 19 de agosto e enquanto cuidavam do rebanho em Valinhos
a Senhora apareceu-lhes. Lúcia perguntou: "O que você quer
de mim Vossa Senhoria?" *"Quero que continuem a ir à Cova*

da Iria no dia 13 e continuem a rezar o Terço todos os dias. No último mês farei um milagre para que todos acreditem". E com um aspecto mais triste (acrescentou): *"rezem muito e façam sacrifícios pelos pecadores, porque muitas almas vão para o Inferno não tendo ninguém para sacrificar-se e rezar por elas"*. No dia 13 de Setembro cerca de 30.000 pessoas acompanharam as crianças até a Cova da Iria e lá rezaram o rosário. Um pouco depois a Senhora apareceu e disse: *"Continue a rezar o Rosário para que a guerra acabe. Nosso Senhor, Nossa Senhora das Dores e do Carmelo, São José com o Menino Jesus também virâo em Outubro para abençoar o mundo. Deus está feliz com vosso sacrifício, mas não quer que você durma de cilício, use-o apenas durante o dia"*. "Eles me pediram para Vos perguntar muitas coisas: cura de alguns doentes, de um surdo-mudo". *"Sim, alguns vou curar, outros não. Em Outubro farei um milagre para que todos acreditem"*. E, começando a se levantar, desapareceu como de costume.

Sexta e última aparição de Nossa Senhora, 13 de Outubro de 1917. Na Cova da Iria naquele dia estavam cerca de 70.000 pessoas que chegaram de todo Portugal, muitos jornalistas céticos estiveram presentes para desmascarar o suposto engano, entre os crentes também havia muitos incrédulos. Era um dia frio, úmido e chuvoso, uma enxurrada de guarda-chuvas cobria a cabeça. Os três pastorzinhos estavam de joelhos para rezar, por volta do meio-dia Lúcia gritou: "Ele está vindo, fechem os guarda-chuvas!" Logo em seguida uma bola de fogo começou a girar como um pião, desprendendo um calor que secou as roupas molhadas da chuva. Pessoas clamaram ao milagre, tomadas de espanto e medo, houve quem rezasse, quem se ajoelhasse, quem exultasse de alegria. Os incrédulos ficaram desapontados e assustados; a coisa toda durou cerca de 10 minutos. Na história será lembrado como o milagre do sol. A bela Senhora finalmente disse: *"Eu sou Nossa Senhora do Rosário!"*.

Francisco Marto faleceu em Fátima a 4 de Abril de 1919, Jacinta Marto a 20 de Fevereiro de 1920 em Lisboa. Lúcia ingressou no convento, depois no Carmelo de clausura de Coimbra e faleceu no dia 13 de Fevereiro de 2005, aos 97 anos.

Irmã Faustina Kowalska

"Pinta um quadro segundo o modelo que vês, com a escrita: Jesus, eu confio em ti! Quero que esta imagem seja venerada primeiro em sua capela e depois em todo o mundo". Com estas palavras Nosso Senhor Jesus Cristo, em 22 de Fevereiro de 1931, comunicou à Irmã Faustina Kowalska Sua vontade de mandar pintar Sua imagem de misericórdia. Segundo as histórias do santo, a importância da pintura não está na beleza das cores, mas na grandeza das graças do Senhor para as almas que a desejam venerar. A primeira tela foi feita em 2 de Janeiro de 1931; a primeira exibição pública da tela do Salvador misericordioso ocorreu de 26 a 28 de Abril de 1935, (naqueles dias celebrava-se o segundo domingo da Páscoa e era da vontade do Senhor mostrar sua imagem ao mundo em um período tão solene).

A pintura do século XVII da Bem-Aventurada Virgem Maria da Porta da Aurora, sem o menino Jesus em seus braços, foi considerada por cristãos e ortodoxos como Nossa Senhora da Misericórdia. Em 26 e 28 de Abril de 1935, a imagem de Jesus Misericordioso foi exposta na janela da capela Aušros Vartų em Vilnius, Lituânia. Quando numerosos fiéis observaram a pintura da Misericórdia de Jesus, fizeram uma conexão com a Bem-Aventurada Virgem Maria da Porta da aurora que deu origem à Misericórdia.

Santa Faustina, durante suas visões, também recebeu a incumbência de dar à luz uma nova congregação religiosa, que foi fundada em 1947 por Don Michele Sopocko após a morte da santa. As irmãs da comunidade começam cada uma de suas ações repetindo várias vezes "Jesus eu confio em você". A misericórdia divina é a compaixão de Deus, um ato de graça baseado na confiança e no perdão das nossas faltas, dos nos-

196

sos pecados devidos à nossa ignorância, às fraquezas da carne, a uma vida espiritual negligenciada, que ofenderam a Deus. Santa Faustina na Polónia, com a devoção da misericórdia divina, por meio de Jesus oferece a reconciliação aos piores pecadores que assim, apesar de terem negligenciado a justiça de Deus, podem obter o perdão pela misericórdia, têm uma segunda chance de evitar o Inferno.

Mariette Beco

Na Sexta-Feira Santa, 25 de Março de 1921, em Banneaux, Bélgica, nasceu Mariette Beco, a primeira de onze filhos. A menina, sendo a mais velha, muitas vezes precisava ajudar a família. Na escola estava dois anos atrasada em relação às colegas devido às muitas faltas por compromissos familiares e também ao catecismo, para o qual se inscreveu a 20 de Maio de 1931, revelando-se a pior da turma, tanto que chegou a provocar as queixas do capelão.

197

Porém, ninguém da família se preocupava com essas coisas, na casa do Beco, entre outras coisas, naquela época havia um clima de total indiferença religiosa. Em 15 de Janeiro de 1933, o vento soprava gelado e forte. Eram cerca de sete da noite. Uma menina de pouco mais de onze anos, Mariette Beco, espreitava pelas janelas da cozinha, de onde se avistava a horta, a estrada e o pinhal. De repente, ele viu a figura de uma bela dama no jardim. Ela estava de pé, imóvel, brilhante, com as mãos entrelaçadas e a cabeça ligeiramente inclinada para a esquerda. "Ó mãe – exclamou – há uma Senhora no jardim!".

Mariette pegou um rosário que havia encontrado na estrada de Tancrémont alguns dias antes e começou a rezar o rosário enquanto contemplava maravilhada a aparição. A bela Senhora acenou para ela ir até ela, Mariette então saiu da janela para sair, mas sua mãe, muito assustada, a impediu trancando a porta da casa. Mariette voltou à janela, mas a Senhora já havia desaparecido. Três dias depois, ao mesmo tempo, ela teve uma nova aparição. Desta vez ela saiu para o jardim e seguiu a Senhora até uma fonte, onde ela foi instruída a mergulhar as mãos na água. A menina obedeceu sem hesitar e a bela Senhora disse-lhe: *"Esta fonte está reservada para mim"*. Depois ela a cumprimentou com um educado *"Boa noite, adeus!"*.

Na noite de 19 de Janeiro, desta vez acompanhada pelo pai, Mariette saiu de casa e, ao chegar ao jardim, ajoelhou-se, apesar do chão coberto de neve, e rezou em voz baixa. A certa altura, ele estendeu os braços para o céu e gritou: "Aqui está ela!". Após um momento de silêncio, ela perguntou: "Quem é você, bela dama?". E a Senhora lhe respondeu: *"Eu sou a Virgem dos Pobres"*. Então a Madona guiou a menina até a fonte. Aqui Mariette ajoelhou-se e perguntou novamente: "Bela Senhora, ontem você disse: esta primavera está reservada para mim. Por que para mim?". E assim dizendo, levou a mão ao peito, apontando para si mesma. O sorriso da Madona acentuou-se ainda mais e respondeu que aquela fonte *"é para todas as nações... para os enfermos..."*. Nas aparições posteriores, a Virgem pediu que se construísse uma pequena capela para

Ela, recomendando-lhe que rezasse muito e revelou a Mariette o seu feito maternal: "Venho aliviar o sofrimento...".

Em sua última aparição, em 2 de Março de 1933, Nossa Senhora estava com o rosto sério e sem sorrir. Ela disse a Mariette: "Eu sou a Mãe do Salvador, a Mãe de Deus". Em seguida, estendeu as mãos sobre a menina e, depois de abençoá-la com o sinal da cruz, desapareceu.

Pelo resto da vida, Mariette tentou levar uma vida normal, evitando todo tipo de alarde e publicidade: não escolheu a vida religiosa, casou-se e teve três filhos. "Eu era apenas um carteiro encarregado de levar uma mensagem", disse ela sobre si mesma. Mariette Beco morreu em Banneaux em 2 de Dezembro de 2011.

A paixão de Cristo na igreja

Em 12 de Março de 1913, Padre Pio teve visões terríveis, onde Jesus foi tratado terrivelmente pelos sacerdotes. Ele viu Jesus sofrendo, desfigurado e cheio de sangue, seus sacramentos eram ultrajados. Jesus pediu a Padre Pio que renovasse seu sacrifício. *"Veja meu filho, muitos deles sob disfarce hipócrita me traem com comunhões sacrílegas."* Jesus mostrou ao Padre Pio os padres que lhe deram grande nojo, chamando-os de *"carniceiros!"* Padre Pio, acrescentando um de seus pensamentos, disse: "quantos infelizes irmãos nossos correspondem ao amor de Jesus, lançando-se de braços abertos na infame seita da Maçonaria". Jesus então disse ao Padre Pio: *"Escreva a seu pai e conte-lhe o que você viu e ouviu, diga-lhe para mostrar sua carta ao padre provincial"*.

O Senhor fez o mesmo com a Irmã Lúcia, a vidente de Fátima, na aparição de Agosto de 1931, onde, referindo-se à recusa da hierarquia em consagrar a Rússia ao imaculado coração de Maria, como solicitado pela Virgem para acabar com o regime estalinista perseguição, Jesus proferiu estas palavras terríveis: *"deixe meus ministros saberem, uma vez que seguem o exemplo do rei da França, retardando o cumprimento do meu pedido, que o seguirão mesmo no infortúnio".*

Padre Pio alertou os ministros da igreja que ignoraram as mensagens proféticas. Acontecimentos semelhantes foram manifestados por Nossa Senhora de Fátima a três pastorzinhos em 13 de Julho de 1917 (textos extraídos do livro sobre Padre Pio de Antonio Socci).

A perseguição ao Padre Pio

Padre Pio, falando em nome de Jesus Cristo, foi perseguido por um grupo de padres, frades, bispos, que o acusaram de falso misticismo, durante todo o período da primeira e segunda guerras mundiais. Mesmo depois da Segunda Guerra Mundial foi acusado de falso misticismo, de que os estigmas eram causados pela histeria, por isso foi considerado um perigo para a fé, para a doutrina da igreja, acusado de propagar falsos ensinamentos morais e uma inexistente santidade; apesar de numerosos testemunhos em contrário, eles insistiram na difamação. A estátua de Nossa Senhora de Fátima também interveio em defesa do Padre Pio que, em 5 de Agosto de 1959, foi levada de helicóptero para San Giovanni Rotondo. Padre Pio estava gravemente doente, os médicos o diagnosticaram com câncer pleural. À tarde, a estátua de Nossa Senhora de Fátima, depois de estar na igreja para a celebração, foi levada de volta ao helicóptero para partir: ao passar diante do Padre Pio, ele sentiu um arrepio percorrer todo o corpo e foi milagrosamente curado. Embora esta defesa e resposta tivesse vindo do céu, o

Vaticano negou o milagre, continuando com suas dúvidas sobre o frade de Pietrelcina, continuando a afirmar que seus estigmas foram causados e sua santidade era inexistente, acusando também seu grupo de oração. Também foi organizado um plano para tirar Padre Pio de San Giovanni Rotondo, mas essa notícia logo se tornou conhecida, então em setembro de 1960, enquanto tudo estava pronto para a transferência do frade, houve uma impressionante reação popular, com uma subscrição dos cidadãos de várias cidades ao redor de San Giovanni, que foi enviado a Roma junto com cartas dos prefeitos dessas cidades que temiam uma revolta popular. Até o Papa João XXIII foi informado do perigo de revolta em San Giovanni Rotondo. O Papa foi advertido diretamente de que as acusações eram falsas e ilegítimas, que o frade realmente servia a igreja e que uma profunda espiritualidade se respirava em San Giovanni Rotondo. Até a televisão estatal, em 20 de setembro, anunciou que o Padre Pio não seria tirado de San Giovanni Rotondo; assim, a calma e a ordem pública voltaram, mas os obstáculos para Padre Pio e seu grupo de oração continuaram. O Santo Ofício do Vaticano preparou uma campanha difamatória contra o Padre Pio, a Santa Sé ordenou ao padre geral que proibisse o frade de dizer missa em público, houve uma revolta popular, mais de 3.000 pessoas marcharam para pedir ao padre geral que cancelar esta ordem do Vaticano.

A própria igreja o puniu, tentando isolá-lo de todos. O Santo Ofício emitiu cinco sentenças, que não foram retiradas mesmo depois que o frade foi declarado santo. Também colocaram microfones no seu convento, até no confessionário, e as gravações feitas foram manipuladas e apresentadas aos seus superiores, até ao Papa.

Em 1960, o Padre Geral dos Frades Capuchinhos trouxe ao Santo Ofício um volumoso dossiê, com fotos, gravações e testemunhos para demonstrar que Padre Pio era um trapaceiro, um farsante, corrupto, ganancioso, teve até amantes. É claro que tudo foi apresentado com calúnias e falsidades pré-fabricadas com evidências falsas.

A história do Padre Pio não pode ficar em silêncio, acusado perante os papas, acusado durante toda a sua vida, acusado quando morto, acusado em sua Santidade. Por que? Todos sabiam que ele era um santo, mesmo aqueles que estudaram no seminário em 1943 conheciam o Padre Pio, o santo dos estigmas. Foram muitos os que recorreram ao Padre Pio, para receber uma graça um milagre, até o futuro Papa João Paulo II pediu-lhe um milagre. Sua história de Santidade não era nenhum mistério. Padre Pio era um verdadeiro sacerdote, que amava a Igreja, Jesus, Maria, sua vocação de frade, amava servir ao próximo, aos pobres, aos enfermos e a todas as almas. Padre Pio amava Jesus e Jesus o chamava de "meu filho". Padre Pio foi acusado de falso misticismo.

Quem conheceu o Padre Pio não suportou todas as calúnias contra ele, um jogo feito de falsas provas que foram apresentadas, provas pré-fabricadas... por quê? Os profanos, os ateus, os pecadores, tiveram pena deste frade agredido pelos seus irmãos. Seus fiéis sofreram diante de todas essas calúnias. Em San Giovanni Rotondo respirava-se o sagrado perfume espiritual e o profano queria destruir tudo isso.

Em 1933 levantou-se uma tempestade contra Padre Pio, enquanto o mundo sabia que ele era um santo, que fazia milagres, no Vaticano o consideravam um demônio. Por que? San Giovanni Rotondo era um lugar sagrado, um santuário, bastava ir até lá e a verdade estava ali a vista. Porque toda aquela tempestade em um período de fome e miséria onde até mesmo a presença de um falso místico poderia dar alívio, confiança e esperança a tantas pobres almas? O que está por trás do martírio do Padre Pio? Uma história que não tinha lógica, onde tudo era discórdia.

Para entender toda essa infâmia precisamos contar a história do Padre Pio desde 1920, quando fez amizade com Emmanuele Brunatto, um ator e empresário a quem chamava de "o policial" porque sabia resolver problemas. A história de um grande pecador convertido pelo Padre Pio. Para Brunatto tudo começou por acaso quando, ao chegar em Nápoles, leu o primeiro artigo sobre Padre Pio num jornal local: o jornal falava de milagres. Intrigado com isso, decidiu com os últimos centavos que tinha no bolso comprar uma passagem de trem para ir a San Giovanni Rotondo. Emmanuele Brunatto, após sua conversão, tornou-se um grande amigo do Padre Pio. Não suportava que o frade fosse perseguido de forma cruel e infame, por isso, para defendê-lo das acusações e da prisão forçada, encontrou provas e iniciou negociações com o Vaticano por carta, sem resultado. Em 1933 foi impresso o livro "Os Anticristos na Igreja" que obteve o resultado desejado com o Vaticano; mais tarde, o livro foi retirado depois que o Padre Pio estava livre para exercer seu dever como padre. Este livro é agora quase impossível de encontrar.

Emmanuele Brunatto não queria atacar a igreja, ele só queria que Padre Pio fosse padre, então a primeira perseguição acabou. Houve períodos de paz para o frade. Em 2 de Março de 1939, foi eleito sumo pontífice Pio XII, que em 1942 realizou a consagração do mundo ao Imaculado Coração de Maria. Um papa que teve que enfrentar a Segunda Guerra Mundial, um papa frio na hora certa e no lugar certo. Em 1948, ele declarou que havia chegado o momento solene de reconhecer a verdadeira consciência de Cristo. O Papa Pio XII morreu em 9 de Outubro de 1958. Primeiro ele havia publicado uma Encíclica: "A Igreja como corpo místico de Cristo". Na morte do Papa, Padre Pio sentiu toda a dor em sua alma pela morte de tal Papa, mas então o Senhor mostrou ele na glória do céu.

Após a morte de Pio XII, Padre Pio voltou a ser perseguido, no tempo do Papa João XXIII. Em novembro de 1960, apareceu um artigo no semanário italiano europeu, "espionaram as confissões do Padre Pio": assim começou a defesa do santo na Itália, depois seguiram-se outros artigos em jornais semanais, essa defesa assumiu maiores dimensões, jornalistas curiosos se enfureceram em busca da verdade, enquanto a Santa Sé obrigou o Padre Pio a renunciar à gestão do hospital de San Giovanni Rotondo. Um jornalista, Luciano Cirri, em 1963, escreveu o primeiro livro na Itália, "Eis como está reduzido o Padre Pio", um livro escrito exclusivamente em defesa do santo: o livro foi entregue a todos os bispos da Itália e à Santa Sé. Naquela época estava em andamento o Concílio Vaticano II, todos perceberam que Padre Pio era um santo, mas para alguns clérigos poderosos ele continuou sendo considerado um falso místico. Padre Pio escreveu várias cartas sobre as visões de Jesus, que entregou aos padres superiores e depois as enviou ao Santo Ofício: suas cartas eram advertências de Jesus, mas a igreja ignorou essas mensagens proféticas, levando Padre Pio a uma provação...

A paixão do Padre Pio na igreja

Padre Pio encarnou Jesus, mostrou a verdadeira face do sacerdócio, mostrou o sacrifício da santa missa, a verdadeira fé
da igreja mãe. Com o Papa Pio XII a Igreja redescobriu o verdadeiro Pedro, num período de guerra apocalíptica. Em 1954,
em um sermão profético, Roncalli, o futuro Papa João XXIII, em
Istambul, revelou seu desejo de convocar um concílio ecumênico, que se realizou de 1962 a 1965. Padre Pio, com suas cartas que enviou ao Santo Ofício, quis dar a conhecer o perigo
que existia para a Igreja. A Irmã Lúcia entregou ao santo ofício
uma carta que continha o terceiro segredo de Fátima, que devia
ser comunicado ao mundo a partir de 1960. O Papa João XXIII
ignorou tudo e todos: ignorou todas as cartas do Padre Pio, ignorou a carta que a Irmã Lúcia havia entregado e que devia ser
aberta em 1960, ignorou a vidente Irmã Lúcia, ignorou o livro
de Luciano Cirri "Aqui está como o Padre Pio é reduzido". O

Concílio Vaticano II foi o sinistro conclave que abriu as portas para a invasão da Maçonaria e seu trabalho dentro da Igreja Católica. Isso estava contido no terceiro segredo de Fátima. Padre Pio indicou dois objetivos a todos os cristãos: desmascarar os traidores no topo da igreja e defender a igreja de Cristo do trabalho da Maçonaria.

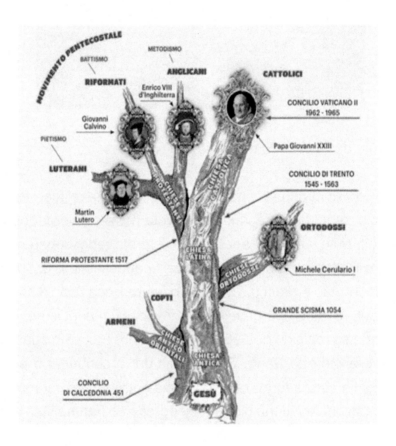

Este foi o Terceiro Segredo de Fátima, uma mensagem de Nossa Senhora, que queria impedir a entrada da Maçonaria "em massa" na igreja. A mensagem não foi ouvida. O concílio foi anunciado em 11 de Outubro de 1962, mudando muitas coisas dentro da igreja, na qual ao longo do tempo colhemos os frutos de um sacerdócio imoral. Uma sociedade destruída. A igreja era sustentada pelas orações do Santo Rosário, da Divina Misericórdia, da peregrinos de vários santuários e da algum bom padre ou ministro da igreja. Paulo VI percebeu mais tarde o engano para o qual foi arrastado. Padre Pio havia indicado a ele em sua reunião o que constituía o cerne de seu mandato papal: desmascarar os traidores no topo da igreja. Com o Papa João Paulo I a Igreja reencontrou Pedro, mas seu mandato durou apenas 33 dias. Dele quase não nos lembramos que o seu sorriso, o sorriso de Deus. Recordamos a profecia que a Irmã Lúcia apontava ao futuro Pedro, o dever de obedecer à lei de Deus: "Ninguém é chamado por Deus porque é bom, tornamo-nos bons porque Deus nos chamou". Os 33 dias de seu pontificado contêm a profecia do grão, da semente que deve morrer para que a planta dê frutos. No Vaticano há ministros da Igreja que, como infiltrados da Maçonaria, governam os enormes bens que nossa mãe Igreja possui há milênios, e ao mesmo tempo criam escândalos com seus atos perversos. O poder do dinheiro tem maculado e corrompido um bom número de ministros da igreja. Nas várias igrejas cada um defendia o seu próprio interesse deixando-se envolver pelo egoísmo em vez de servir a Deus e aos mais necessitados. Nesta guerra, todos estavam interessados nos bens milenares que o Vaticano possuía e ainda possui. Os mercenários do diabo queriam governar esse bem-estar milenar. O Concílio Vaticano II abriu as portas para esses senhores que decidem quem deve ser o Papa e como a Igreja deve caminhar com o mundo. A Irmã Lúcia chamou-os de partidários do diabo.

Política, geopolítica, religião, tudo gira a volta do dinheiro e da roda do mundo. Quando o dinheiro for um ativo de troca honesto para todas as nações, o equilíbrio nesta terra será humanamente justo, fraterno em Jesus Cristo. A história caminha na esperança de que essa mudança histórica aconteça um dia após o outro. No momento, meu papel é descrever a história. O Papa João II começou sua cruzada pela mudança com os jovens, trazendo algum equilíbrio fora da igreja para melhorar a vida moral e social dos jovens sem pastores. Satanás operou escândalos dentro da igreja com problemas políticos, bancários, pedofilia, homossexualidade, brigas entre progressistas e tradicionalistas. Ter um bom Papa em uma tempestade apocalíptica foi uma bênção. A fé resistiu às ciladas do diabo. Dentro do Vaticano, o fruto do Concílio ainda não estava maduro, ainda não tinha plenos poderes. Padre Pio, Madre Teresa, Irmã Lúcia, um Papa com o sorriso de Deus, com 33 dias de pontificado, o bom papado de João II, a missão de peregrinos a vários santuários, as orações, o Santo Rosário, foram a esperança que manteve acesa a Fé cristã. É a cruzada que Jesus e Maria prepararam de forma espiritual contra este mundo podre, perverso, imoral e falso. O mundo continuou assim com a Misericórdia de Jesus e Maria, com a ajuda dos nossos santos e santas, padroeiros das nossas cidades. O Papa João II morreu em 2 de Abril de 2005, seu sucessor, o Papa Bento, um bom teólogo que ansiava por retornar aos verdadeiros dogmas da Igreja e do Cristianismo, sentiu-se mergulhado em uma tempestade dentro do Vaticano e pelas forças políticas que estão preparando um novo futuro social e espiritual. Em 28 de Fevereiro de 2013, em visão mundial, o Papa Bento XVI fez seu anúncio: "Vocês sabem que este meu dia é diferente dos anteriores; não sou mais o Sumo Pontífice da Igreja Católica: até as oito da noite ainda o serei, depois não mais. Sou simplesmente um peregrino iniciando a última etapa de sua peregrinação nesta terra. Mas gostaria ainda, com o coração, com o meu amor, com a minha oração, com a minha reflexão, com toda a minha força interior, trabalhar pelo bem comum e pelo bem da Igreja e da humanidade. E sinto-me muito amparado por sua simpatia. Avancemos juntos com o Senhor para o bem da Igreja e do mundo. Obrigado, agora concedo de todo o coração a minha Bênção a vocês." Após o discurso, ele embarcou no helicóptero e voou para Castel Gandolfo. Forçado a autoexilar-se na nossa indiferença, como havia anunciado na *Declaratio* 17 dias antes. Deixou a Sé de São Pedro livre, não vazia. Às 20h começou a hora X em que entraria em vigor a renúncia ao seu ministério, ou seja, ao exercício prático do poder, mas antes, às 17h30, Bento XVI voltou a olhar para a varanda e saudou a multidão. Depois das 20h, o Santo Padre não confirmará mais nem verbalmente nem por escrito. Não há renúncia ao papado. Sua *declaratio* não foi uma renúncia ao papado (o que fomos levados a acreditar por 8 anos), foi um autoexílio em sede impedida, cânon 412, que o manteve Papa em todos os aspectos. Novamente o Papa diz "Não serei mais o Pontífice Sumo" uma frase que não existe, existe o Sumo Pontífice, então é claro que o Papa falou em código porque estava impedido. O livro "O Código Ratzinger" de Andrea Cionci descreve em detalhes os motivos da renúncia do papa Bento XVI ao papado, observando como o papa se expressou em código tanto em seus escritos quanto em suas mensagens aos fiéis. As

213

declarações de Andrea Cionci neste livro levaram minha pesquisa a continuar, como um marco para sua análise precisa do papado de Bento XVI. O que aconteceu em Roma, no Vaticano, em janeiro de 2013? Ninguém obedecia ao Papa, sabe por quê? Bem, em 13 de Janeiro de 2013, o jornal italiano Corriere Della Sera, na página de economia, escreveu "Vaticano, cartões de crédito bloqueados", uma decisão do Banco da Itália em todo o mundo, a desculpa foi para problemas de lavagem de dinheiro. No Vaticano estourou uma grande revolta contra o papa por ter sido a causa do "castigo" bancário e econômico. Acabamos de contar migalhas de tudo o que vem acontecendo dentro da santa matriz há séculos.

O maior perigo hoje é a profanação da igreja e dos sacramentos. Se alguém conhecesse o significado místico, o valor sagrado de uma única pedra da igreja, entenderia toda a grandeza de Deus, entenderia que minha pessoa e minha alma valem menos que uma pedra da igreja. Enquanto escrevo neste momento no Vaticano, eles ainda estão discutindo o Concílio Vaticano II. Brincar com conselhos ao invés de colocar as leis de Deus em seu lugar. Mudamos as leis sagradas à vontade. Estamos no supermercado, uma espiritualidade para todos os gostos de culpa e pecado.

O Concílio Vaticano II nos mostra o fruto perverso e pecaminoso do nosso cristianismo, que em 2023 chegou ao cisma dos dois papas e ao cisma da pregação da palavra de Jesus em duas igrejas, uma profana, herética, e outra apostólica. Agora é a hora da conversão, é hora de trazer nossa Igreja Mãe e seus ministros de volta ao caminho de Deus. Para concluir, gostaria de convidar os ministros da igreja a parar de mentir aos fiéis. O Papa Bento não podia renunciar, não podia mentir, não podia negar Jesus como Pedro o fez. Ele foi colocado em condições de fazê-lo, mas o Espírito Santo nele e com ele o fez encontrar a solução para ser um Sumo Pontífice em oração, em união com a Igreja, com o corpo místico de Jesus e Maria. É lá que está o Pedro! A história do verdadeiro Papa, de Bento XVI, que morreu em 31 de Dezembro de 2022 e voou para o Pai Celestial levando consigo o *munus* Petrino. "Papa Bento XVI, tu és Pedro!" da igreja cristã ainda hoje, 13 de Maio de 2023. Quem disser o contrário, blasfema contra Cristo e seu vigário. As mentiras do mundo pertencem ao mundo, as verdades místicas pertencem a Deus.

São Padre Pio teve visões místicas, falou com Jesus e lutou contra o diabo. Em suas visões ele viu o tempo da igreja em que vivemos hoje, ficou apavorado ao observar que a igreja de Roma havia escolhido o caminho da mentira, o sagrado reduzido a cinzas por falsos ministros da igreja, a santa missa reduzida a uma comédia teatral, comentários pré-fabricados para manter os cristãos escravizados pela falsa igreja que está invadindo almas e sujando nossa verdadeira, única, santa, católica, apostólica igreja.

Mesmo sobre o Papa Francisco, o papa estadual e seus discípulos, seus fiéis, a comédia diabólica termina exatamente onde tudo começou, em 13 de Março de 2013, quando ele fez sua primeira aparição na Praça de São Pedro diante dos fiéis cristãos que estavam esperando por um Papa, mas naquele dia apareceu um funcionário público sem estola. A Bíblia classifica-a entre as vestes do amor: a partir do século XII já não se utiliza o termo "orarium", mas "estola", simboliza a inocência necessária para desempenhar o serviço sacerdotal e a veste de glória com que o servo bom e fiel será vestido pelo Senhor como recompensa por seus méritos. Ele então evoca o vestido de festa que o Pai colocou no filho pródigo quando ele voltou para casa envergonhado do que havia feito. Só Deus pode conceder-nos este hábito e tornar-nos dignos de presidir à sua mesa, de estar ao seu serviço. Se você procurar mais evidências, será forçado a procurá-las no inferno, o lugar das almas condenadas. Finalmente, o Sumo Pontífice é o vigário de Cristo, razão pela qual a fé cristã caminha com o Papa Bento XVI, o último papa da Igreja cristã, como confirmam as profecias de Malaquias até hoje.

Este diário de migalhas de conhecimento teológico incorpora a luta de Davi contra Golias, o gigante que prega a má teologia. No início deste capítulo é São Francisco quem nos pede para defender o que herdamos: consciente e inconscientemente fomos batizados em nome do Pai, do Filho e do Espírito Santo, esta é a nossa fé, inferno jamais prevalecerá sobre a igreja: esta é a promessa que Jesus faz a Pedro. Este é o juramento de obediência que nós, cristãos, fazemos a Deus, de renunciar a Satanás, servindo, com o talento que o Senhor nos deu, a nossa bela igreja e não a de Roma, onde nos jardins do Vaticano plantaram a arvore da pachamama, a árvore da nova igreja com a fé que declara um papa do nada.

Visão do Padre Pio

"Pense que o padre que me chama em Suas mãos tem um poder que nem à Minha mãe concedi; reflita que se em vez de um sacristão, os serafins mais excelentes servissem ao padre, eles não seriam bastante dignos de estar perto dele. (...) Vale então a pena ficar na Missa pensando outra coisa que em Mim? (...) Considera o altar não pelo que os homens o fizeram, mas pelo que vale, dado pela Minha presença mística, mas real. (...) Olhe para a Hóstia, você me verá humilhado por você; eis o Cálice no qual o Meu Sangue volta à terra, rico como é em todas as bênçãos. Oferece-me, oferece-me ao pai, para isso Eu volto entre vós (...) Eu volto todos os dias vivo, verdadeiramente real, ainda que escondido, mas sou eu, precisamente Eu que pulso nas mãos do meu ministro. (...) Tragam os vossos corações ao santo corporal que sustenta o Meu Corpo; mergulhe naquele Cálice Divino que contém Meu Sangue. É lá que o Amor abraçará o Criador, o Redentor, sua Vítima para seus

espíritos; é aí que celebrareis a Minha glória na infinita humi-lhação de Mim mesmo. Venha ao Altar, olhe para Mim, pense intensamente em Mim".

O caso de Maropati (Itália)

Nossa Senhora do Rosário das Lágrimas de Sangue chora há mais de 40 anos! Vou apenas contar algumas passagens da longa história de Nossa Senhora das lágrimas de sangue, para dar a conhecer como a Mãe sofre e chora sangue ao ver o seu filho Jesus ofendido e as almas irem para o inferno. É também um resumo do que descrevemos sobre a necessidade da peni-tência, da recitação do Rosário, do recurso à misericórdia di-vina, da necessidade da conversão para obter o perdão da alma, as graças e uma vida melhor neste mundo.

Maropati (província de Reggio Calabria) é uma cidade de 1500 habitantes. Antes do evento sobre o qual falaremos, a frequência à igreja era muito baixa, as pessoas blasfemavam alto e em todos os lugares. Agora a igreja é frequentada, a blasfêmia raramente é ouvida, todos os dias muitas pessoas rezam o Rosário e grupos de devotos rezam na sala para a pintura de Nossa Senhora. O secretário municipal de Maropati, C. Laganà, escreveu: "O prodigioso acontecimento de Maropati é uma chocante explosão mariana - como nunca antes - de dor sangrenta e imensa misericórdia".

Uma pessoa humilde, uma franciscana secular, fiel ao bispo e ao pároco, que sofre e reza dia e noite, foi a confidente de Nossa Senhora: ela é Immacolata L. Ela, numa carta ao pai espiritual Pe. Alfonso Di Bartolo (já por duas vezes Superior Provincial dos Capuchinhos da Calábria) alertou que a Virgem daria sinais claros para chamar a atenção para os muitos pecados e graves ofensas contra seu filho Jesus (e a infidelidade de alguns padres e religiosos). Ela afirmou: "Em Maropati, na casa do advogado Cordiano, a Virgem, em uma de suas imagens, derramará abundantes lágrimas de sangue".

Bem, depois de 26 dias, aqui está o choro de sangue na casa de Cordiano, no quarto de cama, de uma pintura da Madonna do Rosario (cm. 69 x 99).

O travesseiro da cama do advogado Cordiano também estava manchado. Por 12 anos ele foi prefeito marxista e desde menino sempre viveu sem prática religiosa. Por vários meses ele tentou esconder os recorrentes fenômenos do sangue. Ele converteu-se a Jesus somente depois de um ano. Morreu pie-dosamente em 1986, visitado e abençoado pelo bispo.

A sangria da Imagem, desde 3 de Janeiro de 1971, sempre re-petiu-se, em períodos irregulares, várias vezes ao ano, durante todos esses 30 anos, e ainda continua. Isso aconteceu na pre-sença de tantas pessoas que viram, tocaram, fotografaram, fil-maram o sangue que saía dos olhos, do coração de Maria e do Menino Jesus, da mão que estendeu o rosário, e escorria de fora o vidro aderindo à Imagem. Uma grande cascata de san-gue seco ainda pode ser vista ao longo do vidro.

O pranto de sangue foi abundante na Quinta-Feira Santa de 1975 (ano santo), das 11h às 11h30, na presença de um gran-de grupo de pessoas, entre os quais um pregador capuchinho da Romagna, Pe. Crispino Lanzi, que pregava em uma movi-mentada missão. Até o pequeno Crucifixo que está pendurado sob a Imagem sangrou várias vezes e apareceu todo banhado em sangue. Testes científicos muito precisos foram realizados no sangue que flui da imagem. Os primeiros exames foram or-denados em 25 e 29 de Março de 1971 pelo exorcista Don Vin-cenzo Idà (que viveu e morreu no conceito de santidade e cuja causa de beatificação está em andamento) no Departamento de Higiene de Reggio Calabria e deram este resultado: "sangue humano ". Em 22 de Novembro de 1971, os selos do Quadro foram novamente removidos e duas amostras duplicadas foram coletadas que, seladas pelo Magistrado, foram entregues ao Bispo De Chiara que as mandou analisar na "Policlínico Ge-melli" em Roma, obtendo a mesma resposta: "sangue hu-mano". S. E. De Chiara nunca pronunciou alguma condenação. Todas as análises científicas documentadas pelo livro: "30 anos de maravilhas", falam de sangue humano. Só as análises de Aragona (Messina) falam do sangue de muitos animais que nomeia. Mas essas análises foram rapidamente negadas: em Bolonha, de fato, todas essas mesmas amostras de sangue foram examinadas por biólogos especialistas, usando soros especiais coletados na Alemanha, com este resultado: "Só existe sangue humano, com exclusão absoluta de sangue animal" (Cf. "30 anos de maravilhas", páginas 139-141).

Existe até documentação da Rai-TV italiana que em Maio de 1971 e 6 de Novembro de 1972 fez curtas-metragens (800 metros de filme): nesses filmes pode-se ver uma nuvem passando na frente do rosto da Madonna, depois ela desaparece e gotas de sangue são vistas descendo dos olhos e do coração da Santíssima Virgem. Este documento foi transmitido pela TV suíça. Surpreende-nos que Nossa Senhora chore? O Evangelho diz: "Nada é impossível para Deus!" A vidente Irmã Lúcia afirma: A Virgem de Fátima anunciou que choraria em muitas partes do mundo". Como Ela pode não chorar vendo que tantos de seus filhos espirituais vivem em pecado grave e assim correm para o Inferno? "Portanto... eu ficaria surpreso" escreve o bispo Mons. Franzi "se Nossa Senhora não chorasse!" Voltamos todos para Cristo e sua igreja, à Santa Missa dominical, aos sacramentos, à oração fervorosa, ao Rosário diário! Só assim (como repetiu a Virgem em Fátima, em Medjugorie e com lágrimas de sangue, em Maropati) teremos a salvação terrena e eterna.

A provação de Maria para restaurar a igreja e renovar a fé: "Eu derramarei lágrimas e sangue"

O que realmente é o segredo de Fátima foi revelado em 23 de Maio de 2000 e lido mundialmente em 26 de Junho. Passaram 5 papas antes que o segredo fosse revelado. A Irmã Lúcia confiou todos os seus segredos e as revelações da Virgem a quatro memórias escritas em 1935, em 1937, em Agosto e em Dezembro de 1941. O terceiro segredo foi escrito e entregue pela freira ao bispo de Leira em 1944 que o enviou a Roma, com a recomendação de que o conteúdo não fosse conhecido antes de 1960. Em 1957, o manuscrito do terceiro segredo foi consignado ao arquivo do Santo Ofício. Paulo VI leu sem revelar o conteúdo; João Paulo II mandou-o entregar diretamente ao hospital onde estava internado após o atentado de 1981.

Em 31 de Outubro de 1942, o Papa Pio XII consagrou a igreja ao Coração Imaculado de Maria. No dia 13 de Maio de 1967, o Papa Paulo VI foi a Fátima, enfatizando a grande mensagem salvífica das mensagens de Fátima, o que também o Papa

João II fez quando foi a Fátima agradecer a Nossa Senhora que o salvou do ataque de 13 de Maio de 1981 e confiar a Igreja e o mundo à Virgem Maria. De volta a Roma, em 25 de Março de 1984, renovou a consagração do mundo ao Imaculado Coração de Maria. No dia 13 de Maio de 1991, o Papa João Paulo II, mais uma vez em Fátima, confiou a Igreja e as nações à Virgem Maria. Finalmente, no dia 13 de Maio de 2000, o Papa João Paulo II foi mais uma vez a Fátima para os pastorzinhos Francisco e Jacinta. A fé que moveu o Papa João II é também a fé que move milhões de peregrinos que vêm ao santuário de Fátima há mais de cem anos. O santo padre disse que neste século o sofrimento é causado por aqueles que ofendem a Deus e ao mesmo tempo pode haver um triunfo da fé, através das devoções ao coração imaculado de Maria: é nele que a vida começa, é nele essa esperança se renova. As velas que iluminam a escuridão da noite no santuário de Fátima são o símbolo da fé no coração imaculado de Maria.

Capítulo 6
Jesus e as crianças

Esta parte é dedicada às crianças da nossa sociedade, vítimas de guerras, abortos, sequestros, abusos sexuais e também de outras práticas que ignoramos, vítimas também das obsessões da nossa sociedade. O pior problema é que muitas vezes não fazemos nada para defendê-los, ficamos calados enquanto o grito dos inocentes também entra em nossos corpos com vacinas que contêm células de fetos de abortos. O autor deste diário não quer ofender os vacinados, mas a verdade nua e crua deve ser dita, é preciso e é inaceitável deixar que continue este massacre. Ninguém está imune ao sofrimento, à vergonha, à tristeza, à infelicidade. Existem dúvidas sobre as causas de morte no mundo, as mortes aumentaram assustadoramente e não sabemos as reais causas; há a suspeita de que as vacinas tenham a ver com o aumento das mortes, por isso é necessária a colaboração de todos para descobrir a verdade que nos escondem. Não sabendo a verdade, não se pode reagir. Se as vacinas são de fato a causa, a ciência eticamente correta deve encontrar um antídoto para o veneno injetado nos corpos. Sou um pensador, não confirmo nada, analiso, me informo e posso garantir que o que se fala sobre vacinas é nojento, absurdo, diabólico. Embuste ou não, estamos vivendo um presente terrível onde tudo nos é escondido, o discurso é sério e deve ser investigado e analisado por nós e pelas crianças. Todos nós já fomos filhos, temos filhos, netos pequenos, sabemos que os filhos são a única presença do amor verdadeiro, o maior presente para uma família. O mundo do terceiro milênio deve aprender a pensar com o pensamento espiritual, com o pensamento de Deus, algo que tantas vezes abandonamos, por isso perdemos a razão, não conseguimos mais encontrar nossos equilíbrios morais, psicológicos, políticos, religiosos, espirituais. Crianças inocentes são abusadas e mortas e muitas vezes permanecemos em nossa indiferença. Sacrificamos crianças em nome da nossa infelicidade, que escondemos em nossos corações. Quanta falsa felicidade prometemos aos nossos filhos para o futuro. Nosso câncer social está pronto para ser servido também às gerações futuras, por causa de nosso silêncio, nossos fingimentos, nossa hipocrisia, nossa resignação por pouca fé, porque não acreditamos naquele Deus para quem nada é impossível, acreditamos que somos deixados para nós mesmos, por isso todos os anos 50 milhões de crianças são mortas com o aborto, como um sacrifício aos demônios. Sobre esse assunto já vejo médicos, especialistas, cientistas, padres, pagos por os canais de informação, negando que se trate de matar crianças. Vejo esses megalomaníacos tomando o lugar de Deus para oferecer alívio às nossas consciências, explicando que o mal é um bem que salvou milhões de pessoas durante a pandemia de Covid 19. *Mors tua vita mea.* Eles vão te dizer que é só uma cela, aquela cela aquela célula graças à qual a gestante já sabe desde o primeiro mês que está esperando um filho. Jesus ama as crianças. Jesus e seus apóstolos tinham acabado de voltar de uma longa viagem. Enquanto eles estavam a caminho, os apóstolos discutiam entre si. Portanto, no final da viagem, Jesus perguntou: Sobre o que vocês estavam discutindo no caminho? Na verdade, Jesus sabia o que eles estavam discutindo. Mas ele pediu para ver se os apóstolos lhe contariam. Os apóstolos não responderam, porque na rua discutiam sobre qual deles fosse o maior. Alguns apóstolos queriam ser mais importantes do que outros. Como Jesus explicaria que não é certo ser o mais velho? Ele chamou um menino e o colocou na frente deles. Então disse aos seus discípulos: *"Quero que entendam bem: se não mudarem e não se tornarem como as crianças, nunca entrarão no Reino de Deus. O maior no Reino é aquele que se torna como esta criança".* Você sabe por que Jesus disse isso? Bem, os pequenos não se importam em ser maiores ou importantes. (Mateus 18:1-4; 19:13-15; Marcos 9:33-37; 10:13-16.) Na história, nos escândalos de abortos, pedofilia e outras práticas envolvendo crianças, Jesus intervém de forma dura e direta: *"Qualquer que fizer tropeçar um destes pequeninos que crêem, melhor lhe fora que se lhe pusesse ao pescoço uma pedra de moinho e fosse lançado ao mar".* (Mc 9, 42). Quanta blasfêmia há em nosso século, o pior de toda a história moral e espiritual, não por falta de imaginação, mas por cálculo: 50 milhões de crianças mortas todos os anos só por abortos, não sei se vocês percebem essa maldição. O mal é astuto, forte, não conseguiu derrotar a Deus, mas quer vencer a humanidade tirando até o pequeno princípio moral da vida, a defesa dos pequenos, dos inocentes, o fruto da vida, onde cada um de nós fez sua parte. Os filhos são a alegria em nossos momentos de amargura, o carinho em nossa solidão, a companhia na esperança, o sorriso nas lágrimas deste mundo. A vida sobrevive através dos filhos, da inocência, eles são o nosso bem que nos separa do mal, os filhos são o dom da vida de Deus. A Bíblia Sagrada está escrita dentro de nós com o conhecimento do bem e do mal, e a única liberdade que temos é a possibilidade de escolha, ficar do lado de Deus ou do mal. Jesus Cristo nos conscientizou de que Deus é para nós um Pai, um espírito que cura, expulsa demônios, perdoa nossos pecados, é o bem supremo. Os apóstolos e depois a igreja sempre transmitem a mensagem de sempre, a mesma presença de Jesus Cristo através da palavra e dos sacramentos da igreja. O bem e o mal são reais em nosso mundo: a luta entre eles é uma luta que somente a fé cristã travou e continua travando, especialmente em nosso tempo, onde o mundo está infestado de espíritos malignos que não vemos, mas que penetram nossas almas e corpos, resultando em muitas doenças físicas e mentais. Esse discurso pode parecer absurdo, mas quem desenvolve uma espiritualidade profunda tem consciência desses ataques visíveis e invisíveis. Neste terceiro milénio, para uma mudança social, moral e espiritual é necessário raciocinar segundo as leis divinas, tomar consciência das palavras de Jesus e pô-las em prática. Afastar-se de Deus é a nossa ruína, ir contra as suas leis é a morte. A missão de Jesus era fazer-nos saber que com Ele e por meio Dele recebemos todos os bens materiais e espirituais. As pessoas daquela época queriam fazer de Jesus um rei, mas Ele não queria ser rei em forma humana, mas através do espírito. Jesus é rei, rei dos reis. Antes de ser crucificado, Pilatos perguntou-lhe: "Então tu és rei?" Um Rei que veio ao mundo para dar testemunho da verdade. Um rei, Jesus, que disse de si mesmo: *"Eu sou a verdade"* e concluiu sua conversa com Pilatos dizendo: *"Quem é da verdade ouve a minha voz"* (Jo 18,37). Toda essa conversa sobre um reino da verdade talvez nos pareça distante.

As palavras de Jesus convidam-nos a confiar: (Jo 16,33) Ele venceu o mundo, com a sua paixão, morte e ressurreição alcançou a vida eterna, aquela vida sem obstáculos, aquela vida sem limites porque superou todos os limites e superou todas as dificuldades. Os pobres, os aflitos, os doentes, os simples compreenderam as palavras de Jesus, mas os poderosos deixaram-se arrastar pelo diabo, tornando-se seus servos, escrevendo a história que conhecemos. Em 30 de Outubro de 2022, festa de Cristo Rei, Dom Pierpaolo Petrucci fez uma homilia histórica que deveria ser repetida em todos os altares do mundo e pelo Papa em todo o mundo. "O reino de Cristo contra a nova ordem mundial maçônica" (ver Youtube). Eis o texto: *"Hoje é uma festa muito importante, bonita, que tem consequências fundamentais para a nossa alma, para a sociedade. A festa de Cristo Rei, esta festa (foi) instituída pelo Papa Pio XI, em 11 de Dezembro de 1925, com uma bela encíclica chamada "Quas Primas" na qual expõe a doutrina de Cristo Rei.*

Porque Jesus é Rei; em que se baseia seu reinado? Pois bem, Jesus é Rei antes de tudo porque é filho de Deus, Deus feito homem. Em Jesus há duas naturezas, a natureza humana e a natureza divina, unidas na pessoa divina do Verbo. Jesus é Deus, mostrou sua divindade fazendo inúmeros milagres, res-suscitando ao terceiro dia, como havia profetizado, como os profetas haviam anunciado no antigo testamento e, portanto, como Deus, tem direito à homenagem de todas as criaturas e em particular das criaturas dotadas de inteligência, anjos e ho-mens, que devem reconhecer nele o único Deus verdadeiro, submeter a ele sua inteligência e sua vontade. Jesus é Rei tam-bém como homem, porque morrendo na cruz pagou a dívida do nosso resgate. Toda a humanidade (foi) condenada à con-denação eterna após o pecado de Adão e Eva. O homem não poderia pagar esta dívida infinita, porque o pecado ofende a Deus que é o ser infinito. Então Deus no seu Amor Misericordi-oso realiza o grande mistério da encarnação, já que o homem não pode reparar o pecado será Deus quem se fará homem, a segunda pessoa da Santíssima Trindade que assume uma na-tureza humana. Jesus, filho de Deus feito homem, que depois oferecerá na cruz um sacrifício de valor infinito, para reparar não só o pecado de nossos primeiros pais, mas também todos os nossos pecados, todos os pecados que serão cometidos até o fim do mundo. Jesus viu-os, tomou-os sobre si, é o significado deste suor de sangue que Jesus sofreu na agonia no Horto das Oliveiras. Ele viu todos os nossos pecados, tomou-os sobre si para repará-los, expiá-los, pagou a dívida de nosso resgate à justiça divina, libertou-nos da escravidão de satanás, portanto ele é nosso Rei. Nós pertencemos a ele, ele venceu, mas ainda devemos querer pertencer a ele, devemos ainda querer esta salvação que ele nos propõe. Então, em que consiste esta realeza de nosso Senhor Jesus Cristo? Vocês ouviram este belíssimo evangelho, quando Jesus aparece diante de Pilatos. Pilatos lhe pergunta: "Você é o rei dos judeus?" Jesus responde primeiro dizendo: "Meu reino não é deste mundo, se meu reino fosse deste mundo meus soldados teriam lutado para evitar que eu caísse em suas mãos, mas meu reino não é daqui de baixo". Jesus não veio para reinar com os príncipes desta terra. Quando, depois da multiplicação dos pães com que alimentou cinco mil homens, eles vêm buscá-lo para fazê-lo rei, Jesus foge para a montanha. Jesus não é rei no sentido humano, não veio restabelecer o reino de Salomão no sentido material, como os judeus do seu tempo esperavam daquele que tinha esta concepção temporal do reino do Messias: queriam ser libertos do domínio dos romanos, este era para eles o Messias. Não, o reino de Jesus é tudo menos isso. Mas Pilatos não se deixa enganar pela resposta de Jesus, diz-lhe: "Então tu és Rei!" e Jesus diz: "Sim! Tu dizes, eu sou Rei", este testemunho é muito forte, "para isto nasci e para isto vim ao mundo, para reinar, para dar testemunho da verdade. Quem é da verdade ouve a minha voz". Como Jesus quer reinar então, se não quer reinar como um Júlio César, como um imperador humano? Ele quer reinar por sua doutrina divina, pela verdade que veio nos trazer, essa verdade que deve iluminar a vida dos indivíduos, mas também das famílias e das nações. Jesus quer reinar assim, cada homem deve submeter-se, submeter sua inteligência à fé nele, o único Deus verdadeiro, o único Salvador, cada homem deve seguir seus mandamentos, submeter sua vontade a ele, deixá-lo reinar em seu coração, mas também em sua família e depois ao seu redor. Devemos render a nosso Senhor Jesus Cristo, que é verdadeiro Deus e verdadeiro homem, o culto de adoração. A adoração é o ato da virtude da religião, a virtude da religião como o nome indica, nos liga ao nosso Criador. Devemos tudo a Deus que nos criou, todos os bens que recebemos dele, temos deveres e esta virtude religiosa faz parte da virtude da justiça, a virtude da justiça que faz com que cada um pague o que lhe é devido. Mas a Deus nunca poderemos dar igualdade de todos os bens que ele nos deu, então há a virtude da religião e através do culto damos graças a Deus de certa forma, agradecemos, adoramos, pedimos perdão pelos nossos pecados, pedimos novas graças, esta é a virtude da religião. Mas a adoração não deve ser apenas privada, em nosso coração, internamente, em nossa alma; claro, deve ser, devemos orar a Deus, submeter-nos a ele intimamente, no fundo de nossos corações. Mas esta adoração deve ser também externa, porque somos feitos de corpo e alma e por isso o corpo deve unir-se em adoração através de gestos, na oração, mãos juntadas, ajoelhando-se... estes gestos de adoração, genuflexão quando entramos na igreja para adorar Jesus que está verdadeiramente presente no santíssimo sacramento, estes gestos externos associam o corpo à alma, para que a alma se eleve mais facilmente a Deus. E então a nossa vida, a nossa vontade: toda a nossa vida deve ser orientada à fé pela observância dos mandamentos de Deus, submetendo-nos a Ele nosso Rei, porque será Ele quem então nos julgará no dia de nossa morte. Nossa alma se apresentará diante d'Ele para prestar contas de tudo o que fizemos durante nossa vida. Ele é o único Salvador, ele será nosso juiz. Mas este culto não é apenas pessoal, interno, externo, deve ser também público: o culto público é aquele que se exerce em nome da sociedade. Toda a sociedade é uma criatura de Deus, porque foi Deus quem deu ao homem a natureza sociável e, portanto, toda a sociedade deve adorar a Deus na verdadeira religião, na única religião verdadeira que Deus nos revelou. A religião católica que todos podem conhecer como a única verdadeira por todos os milagres que acompanharam a vida de Nosso Senhor, que acompanharam e acompanham ainda hoje a vida da Igreja. Como todos os nossos peregrinos que foram a Lourdes, puderam ver como Nossa Senhora ainda hoje faz milagres em Lourdes, milagres observados pela medicina do século XXI, certamente para ajudar a miséria das pessoas, mas também para afirmar que a única verdadeira religião revelada é o católico e todo homem deve aderir a ela para se beneficiar do único Salvador que é nosso Senhor Jesus Cristo. E, portanto, o culto público em nome da sociedade deve antes de tudo ser exercido pela igreja; a missa é o ato por excelência do culto público da igreja, mas também da sociedade civil. Os representantes da sociedade devem adorar a Deus na única religião verdadeira, é um dever, um dever desta parte da virtude da justiça que é a religião. Os estados em seus representantes devem adorar a Deus, eles devem garantir que as leis do estado estejam de acordo com a lei natural, com a lei divina. Jesus deve reinar publicamente com sua lei, a lei da verdade, porque fora da lei de nosso Senhor Jesus Cristo (ali) há trevas, há morte. A sociedade caminha para a autodestruição e a igreja fundada por nosso senhor espalhou-se pelo mundo para estabelecer o reino social de nosso Senhor Jesus Cristo e o que ele fez após 250 anos de perseguição, em que o sangue de mártires banhou as grandes cidades do império romano, aqui é que o império converte-se com Constantino e sobretudo com Teodósio. Sob Teodósio em 380, a religião católica tornou-se a religião do estado, a única religião verdadeira à qual todos devem se submeter até o imperador. Este é o cristianismo como é executado. Príncipes pagãos se converterão como Clóvis na França, como Santo Estêvão, rei da Hungria, o cristianismo será uma época em que, como dirá o Papa Leão XIII, na encíclica "Immortale Dei", houve um tempo em que a filosofia do evangelho dominou as nações. A Cristandade, uma sociedade em que as leis públicas se conformavam à lei natural, a lei divina. A Cristandade fundada no sangue de nosso Senhor Jesus Cristo, na qual Jesus foi reconhecido como Rei, na qual reis, imperadores reinaram com uma coroa na qual estava a cruz, como que para significar que eles eram os representantes de nosso Senhor Jesus Cristo na sociedade, como o Papa é para a Igreja. Cristandade que produziu frutos extraordinários de santidade, contra os quais o diabo lançou ataques terríveis para tentar destruir, ataques que culminaram no que foi chamada de Revolução Francesa, que afirma que o estado deve ser laico, nosso Senhor Jesus Cristo é rejeitado pela sociedade, os chamados princípios dos direitos do homem, do cidadão, os direitos do homem contra os direitos de Deus. Em Agosto de 1789, na França, são proclamados estes pseudo direitos, nos quais se afirma que a autoridade não mais vem de Deus, mas do povo e que o que é determinado pela maioria é lei, não há mais referência à lei natural, à lei divina. E, portanto, quando a maioria inventa leis contra a natu-

233

reza, como divórcio, aborto, eutanásia ou uniões contra a natureza que agora são admitidas e equiparadas ao casamento, tudo isso torna-se lei estadual. Isso é secularismo, isso é negar a Nosso Senhor Jesus Cristo, sua realeza, essa é a Nova Ordem Mundial que estão tentando impor-nos, concebida nas lojas maçônicas e que querem realizar cada vez mais concretamente hoje, contra a qual nos cristãos devemos lutar, para estabelecer o reino de nosso Senhor Jesus Cristo. E como estabelecer este Reino? Em primeiro lugar no nosso coração, nas nossas almas deixar que reine Jesus, expulsar o pecado e toda escravidão do demônio, viver na Sua graça, observar a Sua lei, imitar Suas virtudes, Ele que é nosso modelo divino. "Aprendei de mim", diz Jesus, "que sou manso e humilde de coração". Fazê-lo reinar nos nossos corações é o primeiro passo fundamental, o segundo é fazê-lo reinar em nossas famílias: consagrem suas famílias ao Sagrado Coração de Jesus, que Ele seja verdadeiramente o Rei, tenham um lugar na sua lareira onde possam reunir-se para rezar diante da imagem do Sagrado Coração, rezando o Rosário se possível, justamente para reconhecer este direito de Nosso Senhor Jesus Cristo a reinar, justamente para afirmar esta vontade de submissão a Ele, o Rei dos reis. E então temos que lutar para que sua realeza social venha estabelecer-se aí onde estamos, no mundo do trabalho, na escola, na universidade e atuar, porque não, todos aqueles que tiverem a possibilidade também do ponto de vista político, para mudar essas leis contra a natureza, não podemos nos resignar ao fato de que na "bota" (Itália) a poucos quilômetros de nossa casa os bebês são mortos no ventre de suas mães, é impossível. Devemos ser fiéis à nossa oração, o Pai Nosso: Pai *nosso venha a nós o vosso reino, seja feita a vossa vontade, assim na terra como no céu. Devemos lutar para que a vontade de Deus seja feita, para que seu reino seja estabelecido, caso contrário a sociedade corre para sua destruição. Este é o nosso dever como cristãos, cooperar, lutar pelo reino de nosso Senhor Jesus Cristo, que virá por meio de Nossa Senhora, por meio da Virgem Maria que por outro lado o prometeu em Fátima, anunciando este período terrível que estamos vivendo hoje de crise na sociedade, crise na igreja; Nossa Senhora prometeu: "no final triunfará o meu Imaculado Coração!" Mas como triunfará, não será o Senhor que descerá diretamente do céu para realizar o reino do Imaculado Coração de Maria? A Virgem Maria procura soldados, homens capazes de lutar, de lutar para estabelecer por meio dela o reino de nosso Senhor Jesus Cristo e nós devemos ser esses cristãos inflamados de amor por nosso Senhor, no desejo de fazê-lo reinar, por isso é importante mergulhar na boa doutrina, nos escritos dos papas, no que a Igreja sempre ensinou, para ser fortes, firmes nesta terrível crise que está destruindo a Igreja por dentro e para iniciar a reconquista. Jesus pode reinar, deve reinar, a igreja ainda tem força para conquistar o mundo, como fizeram os apóstolos de nosso Senhor Jesus Cristo. Então peçamos a Nossa Senhora de viver com esta esperança, que alimente esta chama, este desejo do reino de nosso Senhor Jesus Cristo, então poderemos verdadeiramente passar a nossa vida ao Seu serviço e no dia da nossa morte contemplá-lo, Aquele a quem esperamos que nos abra as portas do paraíso".*

A homilia de padre Pierpaolo Petrucci completa minha pesquisa histórica espiritual, que caminhou com a cruz e o sofrimento de Jesus Cristo, que alguns podem confundir com minha própria cruz (sofrimento), mas na realidade é o sofrimento e o martírio de apenas seres humanos que pagam o mesmo preço como injustiça, pecado, ofensas a Deus. Apesar das várias contradições sobre o futuro do mundo, dúvidas, incertezas, o mistério bíblico nos revela profecias que indicam que o terceiro milênio, após um período ruim, será resgatado do céu para um novo tempo de vida social e espiritual, para o triunfo da fé cristã, um tempo de purificação, conversão e misericórdia. Jesus veio para reinar com verdade, fé, esperança e caridade. Jesus sempre bateu à porta do nosso coração, de todas as religiões, dizendo que a salvação do homem depende dele mesmo; veio para salvar a todos, para nos curar, porque somos todos doentes, todos pecadores. O Cristianismo é a religião psicológica, espiritual, moral instituída por Deus. Esta religião, esta fé, este credo, esta igreja é para todos os seres humanos, para todos aqueles que ouvem, para todos aqueles que aceitam esta realidade, onde Deus com a sua grande Misericórdia espera nosso arrependimento, contrição, confissão. Jesus veio para quebrar as correntes do pecado, para conduzir-nos à vida eterna. A igreja tem o dever de transmitir esta verdade, esta moralidade ao mundo, os ministros da igreja devem dar o exemplo. Outros sermões são falsos, heréticos, anátemas. A igreja presta culto sagrado às palavras de Jesus e dos apóstolos que andaram com o Espírito Santo, que Jesus soprou sobre eles.

Tradição de dogmas cristãos, isso precisa pregar o cristianismo, ministros da igreja que andam com Deus, não com concílios e tagarelice sem credo, sem fé, sem confiança, sem esperança, sem caridade, sem o sopro do Espírito Santo. A verdadeira mãe Igreja: uma, santa, católica, apostólica. Existem 2,2 bilhões de cristãos nesta terra com 1,3 bilhão de fiéis. As igrejas em união com a igreja de Roma são: a americana, canadense, australiana, mexicana, argentina, brasileira, inglesa, francesa, holandesa, alemã, espanhola, portuguesa, húngara, etc. A estas são acrescentadas a Igreja Ortodoxa Grega, a Igreja Ortodoxa Russa, a Igreja Ortodoxa das nações eslavas, a Igreja Ortodoxa Autocéfala de Chipre, as igrejas Melquitas, a Igreja Nacional Sérvia, as Igrejas Búlgara e Romena, etc. O cristianismo se espalhou-se pelo mundo, os dogmas teológicos são todos iguais, mas cada um interpreta à sua maneira, imaginando que o cristianismo é uma árvore com frutos diferentes. A igreja cristã não é um mercado para almas. Todas as igrejas cristãs têm o mesmo credo: um, santo, católico, apostólico. Jesus disse: *"Eu sou a videira e meu Pai é o agricultor. Cada ramo que não dá fruto em mim, ele o tira, e cada ramo que dá fruto, ele poda para que dê mais. Você já está puro por causa da palavra que eu falei com você. Permaneça em mim e eu permanecerei em você. Como o ramo não pode dar fruto por si mesmo, a menos que permaneça na videira, vocês também não podem, a menos que permaneçam em mim. Eu sou a videira, vocês são os ramos. Aquele que habita em mim e em quem eu habito dá muito fruto, porque sem mim nada podeis fazer. Se alguém não permanecer em mim, será lançado fora como um ramo e secará; estes ramos são recolhidos, lançados ao fogo e queimados"* (Jo 15, 1-8). Cada um é livre para acreditar no que quiser, e receber o que merece, faz parte da lei da liberdade que Deus oferece a cada ser humano. A Bíblia Sagrada agora foi revelada ao mundo inteiro, para acreditar e não acreditar, saber e não saber. Jesus nos diz: *"Deixe seu discur-*

so ser sim, sim; no, no; o demais vem do Maligno" (Mt 5,37). A aliança que Jesus ainda hoje propõe, a lei de Deus, é o manual que devemos seguir para estar no caminho do Sim! Esta é a fé e a verdade para todos os homens do mundo. Este diário começou com a oração de São Patrício, conhecido como a armadura de São Patrício, sabendo que estava atravessando a escuridão, encontrando víboras e cobras más, espíritos que neste início do terceiro milênio representam a maldição deste mundo. Um período onde a humanidade é chamada ao conhecimento do bem e do mal, numa completa revelação visível e invisível da verdadeira igreja, aquela que adora a Deus, não a de Bergoglio que está fundando sua igreja dentro da igreja cristã praticando o culto da pachamama e uniões com outras religiões, como em Astana (capital do Cazaquistão). Vão fazer-vos acreditar num diálogo inter-religioso, o que é justo quando é necessária a boa vontade humana para dar equilíbrio social, mas a triste realidade de hoje é que se aplica como uma futura religião para todos, uma ditadura espiritual, uma religião com um Deus por todas as religiões, onde a revelação dos cristãos é a fé em Cristo para o mundo inteiro.

A igreja de Bergoglio se junta à ditadura da saúde, política e justiça. "Não há nada oculto que não venha a ser revelado, nem nada secreto que não venha a ser conhecido". (Lucas 12.2) Se Jesus é a luz dos cristãos, por que está escondido? Por que o papa emérito foi exilado? Por que ele não conseguia comunicar com o mundo? Por que não pôde comprar para si o hábito de bispo, visto que o hábito branco só é concedido ao Vigário de Cristo? São muitos os motivos pelos quais bispos, padres, freiras e fiéis hoje duvidam e um conclave não se reúne para estabelecer quem é o papa, para decidir sobre a fé cristã e a da Igreja. Ninguém pode negar as dúvidas. Subestimamos as forças do mal e o diabo ri da nossa pouca fé. A falsa igreja avança acreditando que venceu. Cristo disse a Pedro: *"Eu te digo: tu és Pedro e sobre esta pedra edificarei a minha igreja".* Jesus não quer conselhos, juramentos falsos, conclaves de conveniência, justificativas enganosas. Jesus não quer mais aquela igreja que andava com dinheiro e com falsa moral.

Após a morte da Irmã Lúcia em 13 de Fevereiro de 2005, a pedido da própria vidente, o Papa João Paulo II e o Cardeal Ratzinger, durante a Via Crucis na Sexta-feira Santa de 2005, revelaram o terceiro segredo de Fátima, preparando uma igreja de confissão, arrependimento, contrição, purificação e misericórdia, voltando para Deus. O Papa João Paulo II morreu no dia 2 de Abril de 2005, em um sábado, enquanto o domingo era a festa da Divina Misericórdia. O Papa Bento XVI recebeu o bastão desta igreja sob a guia da misericórdia divina no dia 19 de Abril de 2005. No dia 13 de Maio de 2010, por ocasião de sua viagem apostólica a Fátima, Bento XVI fez uma comovente homilia na qual também falou da missão profética de Fátima e dos segredos confiados aos três pastorzinhos. Em trecho, o Santo Padre disse: Engana-se quem pensa que a missão profética de Fátima está concluída. Aqui revive o desenho de Deus que desafiou a humanidade desde o seu início: *"Então o Senhor disse a Caim: 'Onde está Abel, teu irmão? Ele respondeu: não sei. Eu sou o guardião do meu irmão?"* (Gn 4.9). O homem foi capaz de desencadear um ciclo de morte e terror, mas não consegue interrompê-lo... Na Sagrada Escritura frequentemente fala-se da procura de Deus por homens justos para a salvação e a mesma procura encontra-se aqui, em Fátima, quando Nossa Senhora disse: *"Quereis oferecer-vos a Deus para suportar todos os sofrimentos que Ele vos queira enviar, num acto de reparação pelos pecados com que Ele é ofendido, e de súplica pela conversão dos pecadores?"* (Memórias da Irmã Lúcia, I, 162). Nossa Senhora disse isso e repete-o em todas as aparições.

Nos séculos XX e XXI houve ministros da Igreja que andaram na fé, purificando-se dos pecados e outros ministros que, com uma fé "pervertida", arrastaram também os fiéis para este abismo. Nos últimos anos a igreja tem vivido a história de dois Papas, uma confusão, dividida entre a verdade e a falsidade, os fiéis ridicularizados por este jogo onde os falsos pastores criaram esta situação para satisfazer e concretizar a sua igreja, o seu culto, misturando-o com o Cristão, o que torna a igreja bergolhana uma igreja herética, uma igreja ligada à outras religiões, que leva ao modelo Astana. Temos uma igreja de confusões, contradições, montanhas de mentiras, com o Papa Bento XVI que foi colocado em "sede impedita" com o título de papa emérito. O vigário de Cristo foi obrigado a ser papa apenas espiritualmente, conduzindo a igreja por meio da oração. Nossos ministros só fazem barulho, com suas palavras escondem a vergonha de um cristianismo louco que perdeu a razão, incapaz de distinguir o culto sagrado do profano, incapaz de distinguir as homilias de um papa santo das de um antipapa. Eu quis com todas as minhas forças evitar termos diferentes com Bergoglio, por cortesia, gentileza, educação, respeito, diplomacia, humildade, mas esse silêncio tornou-me um esquizofrênico, contrário à lei de Deus, a lei espiritual que explica a obediência aos superiores e também a revolta contra os falsos superiores. A lei de Deus diz que a mentira tem que ser combatida com a verdade. O santo padre Bento XVI estava trazendo a igreja de volta às verdades de Jesus Cristo depois de tantos escândalos da igreja, basta ouvir todas as suas homilias para perceber que ele falava com a voz do Espírito Santo, mas ele não foi ouvido, então o mal chegou aos chinelos do Papa Francisco, que não é Pedro. Cristo entregou a São Pedro as chaves de ouro e prata que representam o poder divino e temporal. Além disso, estas chaves recordam a autoridade conferida pelo apóstolo, aqui no papel de primeiro Papa, para ligar e desligar (Mt 16,19). Este é o *"munus"* (remuneração) petrino, encargo espiritual específico da Igreja de Roma. Após a confirmação do Papa Bento XVI, houve um encontro com os párocos e o clero de Roma; aqui estão alguns trechos de seu discurso proferido em 14 de Fevereiro de 2013: "Diante do Senhor, você é o Cristo, o Deus vivo. Assim a igreja cresce junto com Pedro. Pensar Cristo, viver Cristo. Estou muito grato por sua oração, que senti fisicamente, mesmo que agora me retire em oração. Estou sempre perto de todos vocês, tenho certeza de que também vocês estarão perto de mim, mesmo que eu permaneça escondido do mundo".

Os cardeais estavam cientes do mal dentro da igreja que havia chegado a uma encruzilhada: ou seguir o caminho de Deus ou o de Satanás. Ande com Pedro e a igreja de Jesus Cristo ou com o futuro antipapa. Os cardeais presentes no conclave colocam-se ao serviço do Papa Francisco, da nova igreja modelo de Astana, caindo no inferno. O Santo Padre Bento XVI e os fiéis só podiam rezar enquanto esperavam a justiça divina.

Verdade ou mentira, cada um de nós pode interpretá-la com os fatos materiais e espirituais ocorridos desde 13 de fevereiro de 2013, pois vivemos uma verdadeira maldição histórica, possuídos por maus espíritos, por ministros da igreja sem credo sem fé, ministros e fiéis obcecados por um falso papa. Este diário não prega o evangelho nem a moral, analisa fatos históricos materiais e espirituais, não ensina, mas explica os ensinamentos que Jesus deu aos apóstolos, revelou aos santos, papas, freiras, padres e fiéis que andaram com a ele, com a oração do Santo Rosário, com o terço da Divina Misericórdia, com sincero arrependimento e conversão, pedindo perdão a Deus a cada momento. Uma espiritualidade fácil de explicar e entender, mas dificultada por montanhas de fofocas, traições, tentações.

A igreja noiva de Cristo precisa de ministros da fé que, com a cruz nas mãos, exorcizem e abençoem em nome de Jesus Cristo com o Espírito Santo. Muitos ministros, quando pregam, cospem veneno com mentiras, com falsos juramentos, transformando bênçãos em maldições. As escrituras, a vida dos santos, estão ao alcance de todos aqueles que buscam as verdades ditas por Jesus, pelos santos e não aquelas embaladas pela esquizofrenia espiritual e alimentadas aos pobres fiéis para fechar o reino dos céus.

A igreja não é um supermercado, uma questão de gosto. Os verdadeiros pastores da Igreja não devem apenas cuidar das almas, mas também ensinar a moral, começando pelos poderosos deste mundo, os políticos e os presidentes das nações: o mundo deve caminhar com a Igreja que transmite as palavras do Evangelho e não fantasias pessoais.

Esse discurso pode parecer uma utopia, mas em minhas pesquisas descobri que São Francisco deu uma grande contribuição para a promoção humana. Eis esta carta profética, aparentemente ingênua, na qual o propósito de São Francisco era alcançar os homens de poder e despertar neles o senso de responsabilidade e a confiança no homem da rua. Se tal projeto fosse implementado, o mundo recuperaria seu equilíbrio, a paz e a justiça deixariam de ser uma utopia. (a este respeito, consultar os escritos de São Francisco).

Não é a igreja que deve caminhar com o mundo, mas são os fiéis e os poderosos do mundo que devem ouvir a igreja que prega a palavra de Deus. São Padre Pio disse: "Farei mais barulho quando estiver morto do que estando vivo". Se quereis ser ministros da Igreja, imitai São Padre Pio que amou ser sacerdote, cuidar das almas, dos pobres e dos enfermos e adorar a Deus, confessando e absolvendo segundo o conhecimento e a consciência como o Santo ousou fazer: absolveu quando viu o pecador arrependido e recusou-se de absolver quando o pecador não estava pronto para o arrependimento, para o sacramento do perdão. Bergoglio dá a comunhão a todos, pronunciando heresias e chamando os padres honestos de "criminosos" que não absolvem. Bergoglio despreza os ensinamentos que a Igreja sempre transmitiu, as graças sagradas que são oferecidas no progresso da fé para com Deus, que se manifestou com Abraão e depois com Jesus Cristo em favor do perdão dos pecados, fundando sua Igreja para dar o batismo e os outros sacramentos. Caminha-se para Deus somente com esta fé revelada como a do único Deus, as outras fés são humanas e não divinas. O Criador nos torna homens, humanos na carne, povo de Deus na fé, irmãos em Cristo. A crise espiritual hoje se manifesta com falsos ministros, traidores das graças, o que não é de pouca importância, diante da qual não se pode ficar calado, indiferente. Pobre de quem despreza as graças de Deus: "Ai de vós, doutores da lei, que tirastes a chave da ciência" (Lc 11, 47-54). Espero que muitos ministros da igreja percebam que Jesus não é seu circo de belas palavras, nem um disfarce para suas festas. A sociedade humana precisa da verdadeira igreja, precisa de pastores que sejam fiéis à palavra de Deus, que orientem com as obras, que tragam o exemplo de Jesus Cristo. Neste diário histórico também há comentários de pessoas que seguiram os passos da verdade, neste diário fiz um esforço sobrenatural para trazer de volta a verdade bíblica, a espiritualidade dos santos, luz nas consciências, mesmo que pareça contraditório ao nosso cotidiano.

O autor deste diário também tem sua própria história: a de uma criança que perdeu a mãe aos três anos, para depois viver no mundo conforme o destino que lhe foi confiado, vivendo e ganhando experiência, engolindo tanta amargura e decepção pelas próprias faltas e circunstâncias. Essa criança já está velha, carrega em seu coração experiências, bons e maus conhecimentos, verdades, mentiras, visões terrenas e espirituais, lei humana e lei divina e outros conhecimentos que separam as leis de Deus das humanas, que se equilibram quando há vontade de melhorar as relações humanas. Hoje não existe esta boa vontade pelos políticos que governam o mundo. A humanidade neste período parece entregue a si mesma, carregando uma cruz social e espiritual. Teria-me parecido absurdo levar tudo isso para o silêncio da sepultura. Neste diário tenho pesquisado para despertar e ressuscitar nossa própria inteligência humana, amordaçada por falsas informações que nos alimentam falsas esperanças com graves consequências. Cinco coisas manipulam a humanidade com muita facilidade no mundo de hoje: o deus do dinheiro, a falsa ciência, a falsa religião, a falsa justiça e a falsa política; informações falsas são adicionadas como acompanhamento. A roda do mundo gira para o futuro com esse engano.

Em 2020, durante a pandemia, os políticos gritavam "vai ficar tudo bem" e cantávamos essa farsa como burros, mas outros entenderam que era hora de lutar e rezar a sério, era aquela categoria de pessoas definida como teóricos da conspiração, no-vax, hereges das fés. Enquanto nas varandas cantavam, a Nova Ordem Mundial prosseguia com sua agenda. Na Geórgia (América) existe um monumento (Guidestones) com quatro lápides de pedra inscritas com os mandamentos de como o planeta terra deve ter seu equilíbrio. O primeiro mandamento é "manter a humanidade abaixo de 500.000.000 em perpétuo equilíbrio com a natureza".

Este diário está prestes a terminar, em Abril de 2023, adorme-cendo ao som da nossa própria canção "tudo vai correr bem", as falsas promessas dão frutos: mais mortes, guerras na Ucrâ-nia, Síria, Iémen, Etiópia, Mali, República Democrática da Congo, Sudão, Líbia, Somália... temos mais miséria, mais do-entes, mais desempregados, mais pobres, crises económicas e energéticas: a sobrevivência custa cada vez mais. O mundo já caminha com o drama da pandemia e as reações adversas que a vacina está causando em todo o mundo, mas tudo está sendo censurado; depois vem o drama da nossa igreja, a fé cristã posta à prova por víboras e serpentes que causam danos impressionantes aos fiéis sem guia e forçados a uma espiritu-alidade poluída. Estamos caminhando para um futuro em que os políticos trabalham em dobro para chegar a situações pio-res. Acho que é hora de parar de cantar porque com os nossos políticos vai ficar cada vez pior; é hora de rezar, porque só a oração pode lutar contra a maldição da pandemia que desen-cadeou o inferno no mundo, e ao mesmo tempo confundir o verdadeiro espírito da Santa Madre Igreja.

Este terceiro milênio está para mudar, com o conhecimento mais claro de como o mal funciona, de como alguns ministros da igreja estão envolvidos nesse mal, pregam a mentira (que se combate com a verdade). O mal é forte, força nossas vidas, suja nossas almas, confunde nossa maneira de pensar e agir. Batalha após batalha, recapturamos a verdade para exorcizar a mentira que pensávamos ter vencido. Deus está deixando passar, só para que todos percebam as falsidades do mundo e as consequências que se pagam quando suas leis são aban-donadas. O Papa Francisco diz que prega o evangelho, em vez disso está envolvido na nova ordem mundial, colabora com as forças do mal, seus ministros no último conclave juraram lealdade ao falso papa e não a Jesus Cristo e seu verdadeiro vigário. Quando o Senhor ordenar aos seus anjos que toquem as trombetas, então as legiões celestiais mostrarão que a vitória pertence a Deus. Não sei quando isso acontecerá, só sei que acontecerá no terceiro milênio, que muitos falarão e vão profetizar assuntos espirituais a serem discutidos, para preparar o triunfo da fé cristã.

Este diário passou por trevas, dúvidas, contradições, temas que não são da minha competência, mas que o destino quis confiar-me. Percebo as dificuldades de pensamento deste mundo, onde vivemos de monólogos e piadas que nos fazem rir, onde corremos o risco de sermos apedrejados pelos críticos. Este diário não pretende ser um sermão para ninguém, mas uma pesquisa para todos, sem contrariar o nosso modo de vida. A evolução histórica desejada pelos céus está mudando nosso cotidiano porque este é o nosso presente, um mundo sem Deus, sem leis, sem ética, sem moral, sem educação, sem respeito, sem verdade, sem amor, com as forças do mal na sociedade e na igreja. Homens educados na esquizo-frenia do respeito ao próximo, onde torna-se errado dizer o que é bom ou mau, o que é certo ou errado, o que é moral ou imoral. Educada, respeitosa, humilde, nossa alma parece vestida de esquizofrenia e não de verdade. A promessa de Jesus é: *"as forças do mal não prevalecerão".* (Arquivo de notícias de 10-7-2012 por Andrea Drigani) Na sexta-feira, 29 de junho, soleni-dade dos apóstolos Pedro e Paulo, o Papa Bento XVI na homi-lia da Santa Missa, celebrada na Basílica do Vaticano, lembrou que a clara promessa de Jesus: as portas do inferno, ou seja, as forças do mal não poderão prevalecer. Voltamos às visões mais reais para nos consolarmos. É graças às crianças que nos momentos tristes, amargos, sombrios, encontramos a nós mes-mos, o que fomos e que as preocupações e vícios do mundo anularam e tiraram, a memória, a inocência e o amor que Deus põe no coração das crianças. Nesta vida social somos todos marginalizados; conheço bem a linguagem deste mundo: com palavras vulgares ou refinadas, a substância não muda. Nós, idosos e jovens, vivemos uma vida condicionada pelas circuns-tâncias do mundo, onde ao longo do tempo pagamos com do-ença, sofrimento, depressão, infelicidade, desilusão, amargura, vergonha, suicídio. Este diário, para esquecer a nossa obscura confusão de culpas e recuperar a confiança na vida, propõe olhar para o outro lado, observando precisamente os filhos que são reais, enquanto nós fomos marginalizados pelas circuns-tâncias, ilusões, presunções, malícia, egoísmo, vaidade, orgu-lho, num mundo onde tudo vira a circo de brincadeiras e diver-são, onde assuntos reais e sérios não encontram espaço por serem chatos, sem muita graça. As crianças que observamos somos nós e serão como nós...... O verdadeiro estudioso e pesquisador é aquele que observa o mundo como criança sem preconceitos de destino e toma nota do que vê e ouve.

Ilude-se quem pensa que pode enfrentar e resolver os problemas do mundo de hoje sem tomar nas mãos a cruz de Jesus Cristo. Aqui entramos no coração deste diário histórico, escrito não por um patriota italiano, mas por um patriota da fé cristã, aquela fé que fixou residência na Itália para ser o centro político espiritual do mundo por destino divino. Estamos eliminando das escolas, hospitais, lugares públicos, de dentro de nossas próprias casas, aquela cruz que nos exorciza dos maus espíritos, que lutou contra a peste, doença, adversidade, aquela cruz com a qual o rei Constantino venceu sua batalha com o verso: "In hoc signo vinces". Aquela cruz que também guiou o gênio do povo italiano em todas as artes, a cruz da fé, da esperança e da caridade que foi nossa luz nos momentos mais sombrios. Roma, Itália, a cidade onde mora o Vigário de Cristo, quando há o verdadeiro Papa que, como João Paulo II, gritou "não tenhais medo de anunciar Cristo", esse grito agora se torna vital e não uma frase famosa. Uma consciência reta raciocina com os problemas terrenos e com as verdades de Deus, raciocina reconhecendo que a Itália e o resto do mundo têm a mesma história há 2023 anos: essa história se chama Cristianismo, que tem seus patriotas em todo o mundo, uma história feita não de livros, diários, bibliotecas, mas de uma cruz que com seu espírito flutua sobre o universo, para a salvação humana, com a condição de acolhê-la na história, na alma e no mundo. Para quem sabe ler os tempos, sabe que o mundo está prestes a mudar. O terceiro milênio pertence ao Redentor.

Este diário caminhou pela história e pelo conhecimento de visões proféticas, coletando pérolas espirituais. Os corações de Jesus e Maria estão lutando contra o diabo (e as forças do mal), que com dinheiro e poder tentou dominar as consciências humanas, sociedades e nações por dois milênios. O império do poder e do dinheiro está prestes a desmoronar, com finanças, mercados, bolsa de valores, bancos. A nova ordem mundial projetou o futuro político, geopolítico, social, de saúde e espiritual para trancar a humanidade em uma prisão sem verdade. O terceiro milênio é guerra e paz que só Deus conhece. (Apocalipse 20-1 6) Satanás está preso e o julgamento confiado aos santos, (ap, 20: 1-3 *ocorre após a destruição da besta e do falso profeta, agora é a vez do sedutor das nações. 1 Vi descer do céu um anjo com a chave do abismo e uma grande corrente na mão. 2 Ele agarrou o dragão, a antiga serpente, que é o diabo, Satanás, amarrou-o por mil anos. 3 e lançou-o ele no abismo que ele fechou e selou sobre ele para que não engane mais as nações, até que os mil anos se completem; depois do qual ele será solto por um pouco de tempo).* O terceiro milênio é o reino dos santos.

Profecia de Joel (Atos dos Apóstolos 2,17-21) *"Nos últimos dias diz o Senhor, derramarei o meu Espírito sobre todos; seus filhos e filhas profetizarão, seus jovens terão visões e seus anciãos terão sonhos. E também sobre os meus servos e servas naqueles dias derramarei o meu espírito, e eles profetizarão. Farei maravilhas acima no céu e sinais abaixo na terra, sangue, fogo e nuvens de fumaça. O sol se tornará em trevas e a lua em sangue antes que chegue o dia do Senhor. Ótimo e*

esplêndido dia. Então todo aquele que invocar o nome do Se-
nhor será salvo".

Antes de terminar é preciso conhecer Santa Hildegarda, uma
mística a quem Deus deu a conhecer os segredos da natureza.

Mandalas de Hildegarda de Bingen

No próximo capítulo você conhecerá as histórias das visões de Santa Hildegarda, visões que nos fazem entender como o pensamento humano raciocina e como Deus responde com seu espírito. Um estudo que nos permite compreender melhor a fragilidade do nosso pensamento profano, que se deixa arrastar para o mundo dos vícios, enquanto Deus com o seu espírito nos guia com as visões de Santa Hildegarda no caminho do pensamento virtuoso, no caminho de um novo medicamento, novas descobertas.

Jesus conhece as tentações do demônio, a fragilidade e impotência humana para lutar contra as forças sobrenaturais e as misérias do mundo, a inveja do demônio, pastor e guardião de todos os excessos, que quando quer tira dos homens todas as forças vitais. O inferno atrai as massas para sua imundície, sujando tudo o que Deus criou. Os corações de Jesus e de Maria, que esmaga a cabeça da serpente infernal, defendem a humanidade. O filho de Deus nasceu como homem no fim dos tempos, ainda que Lúcifer quisesse rasgar suas vestes, sua integridade apareceu como um esplendor a Deus e no homem. Mesmo que os cegos, os enfermos, as prostitutas e as enfermas invoquem o nome de Jesus e sua misericórdia por suas ações impuras, eles serão perdoados. Faça aliados das outras virtudes, rejeite o inútil que foi Lúcifer que ameaça o mundo, impedindo-nos de nos aproximarmos da verdadeira luz. Com Divina misericórdia, construamos em toda parte o maior, mais

255

abundante, mais forte momento para a vinda do dia onde teremos frutos abundantes na ordem material e espiritual (Hildegard, Scivias, III, 8ª visão, 2).

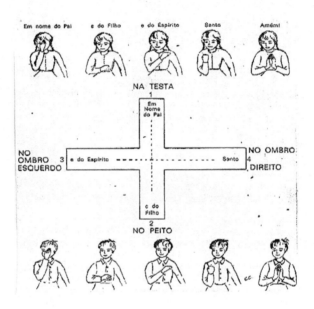

Nosso Cristianismo começou na cruz de nosso Senhor Jesus Cristo, nossa fé, nosso Deus, a verdade dos homens espalhada pelo mundo com 2023 anos de história. Saímos seguros e com saúde voltaremos, pois a estrada é segura.

Os corações de Jesus e Maria deixam esta oração pelos pequeninos.

Oração do Anjo da Guarda de São Padre Pio:

Ó Sagrado Anjo da Guarda, cuida da minha alma e do meu corpo. Ilumine minha mente, para que eu conheça melhor o Senhor e o ame de todo o coração. **Auxiliai-me em minhas orações***, para que eu não ceda às distrações, mas preste a maior atenção a elas. Ajude-me com seus conselhos, para que eu*

veja o bem e o faça com generosidade. Defendei-me das cila-
das do inimigo infernal e amparai-me nas tentações, para que
eu seja sempre vitorioso. **Compense minha frieza em adorar**
ao Senhor, *não pare de esperar sob minha custódia até que*
ele me leve para o céu, onde juntos louvaremos a Deus por
toda a eternidade. Que assim seja.

Santo Anjo fique perto de mim,
me dê sua mão eu sou pequeno.
Se você me guiar com seu sorriso,
Iremos juntos para o Céu.
Meu anjinho, enviado pelo bom Jesus
você cuida de mim a noite toda.
meu anjinho enviado pelo bom Jesus,
proteja-me o dia todo.

(Mateus 18:3) Assim como as crianças, precisamos recorrer ao
Pai Eterno em busca de seu conhecimento e sabedoria para
guiar nossa vida material e espiritual. Jesus disse: "se não vos
tornardes como os pequeninos... não entrareis no reino dos
céus".

Capítulo 7
Deus Terra Homens
(Hildegard von Bingen)

"Homem, você é o céu e a terra em si mesmo; você pode fazer deste mundo um paraíso na terra!" (Hildegard von Bingen)

Hildegard von Bingen (1098 – 1179), uma freira cristã alemã, era dotada de muitos talentos: era profetisa, especialista em ervas medicinais, musicista, filósofa e poetisa. Além de compor excelente música vocal polifônica, deixou:

- uma "trilogia profética" (uma obra sistemática de teologia moral) constituída de:

- *Scivias*, concluído em 1151 (ed. *Hildegardis Scivias*, A. Führkötter – A. Carlevaris, CCCM, XLIII; XLIIIA, Turnhout, 1978).

- *Liber vitae meritorum*, iniciado em 1158 (ed. *Sanctae Hilde-gardis Opera*, J.B. Pitra, Monte Cassino, 1882).

- *Liber divinorum operum,* concluído em 1174 (ed. *Liber divinorum operum simplicis hominis*, in Patrologia Latina, vol. 197).

- escritos naturalistas, reunidos no *Liber subtilitatum diversirum naturarum creativerum*, que na tradição manuscrita foi então dividido em duas partes:

   a) *Physica ou Liber simplicis medicinae* (ed. C. Daremberg e F. A. Reuss, em Patrologia Latina, vol. 197; o «Fragmento de Berlim» foi editado por H. Schipperges, «Sudhoffs Archiv» 40 (1956), 41-77);

   b) *Causae et curae* ou *Liber compositae medicinae* (*Causae et curae*, E. P. Kaiser, Leipzig, 1903).

Estudar a medicina de Santa Hildegarda significa aprender a eliminar muitas doenças, é muito mais do que podemos imaginar. As gerações presentes e as futuras decidirão a prática desta medicina que não contradiz a nossa. Este método de cura é baseado nos quatro elementos necessários para a vida e ao mesmo tempo para o equilíbrio psicofísico. Eles chamam isso de remédio da Idade Média, mas na verdade é o remédio usual que ajuda nosso sistema imunológico. Todas as plantas descritas por St. Hildegard contêm todos os elementos vitais necessários para o sistema imunológico humano. A palavra natural não significa que tudo é bom para você, pois entre plantas, frutas, animais, metais, pedras, também existem elementos nocivos à saúde humana. Santa Hildegarda, graças à visão divina, fez a diferença, separou o que é bom do que é prejudicial ao homem. Este diário trata apenas da parte psíquica, o homem é o que ele pensa. "O homem é o que come" é uma pesquisa que passa pela medicina de Santa Hildegard. Sem esquecer que corpo e alma caminham juntos na saúde e na doença respeitando as leis de Deus.

Do *Liber vitae meritorum*, aqui está a tabela de vícios e virtudes:

Forças que deixam doente	Forças que curam

Forças que deixam doente

1) Amor saeculi (amor profano)
2) Petulantia (insistência)
3) Joculatrix (gosto dos prazeres)
4) Obduratio (dureza de coração)
5) Ignavia (preguiça)
6) Ira (raiva)
7) Inepta laetitia (malícia)

8) Ingluvies ventri (pândega)
9) Acerbitas (estreiteza de coração)
10) Impietas (impiedade)
11) Fallacitas (deslealdade)
12) Tristitia (tristeza)
13) Infelicitas (infelicidade)
14) Immoderatio Discretio (excesso)
15) Perditio animarum (ateísmo)

16) Superbia (orgulho)
17) Invidia (inveja)

Forças que curam

Amor caelestis (amor celestial)
Disciplina (disciplina)
Verecudia (pudor)
Misericordia (misericórdia)
Divina victoria (vitória divina)
Patientia (paciência)
Gemitus ad Deum (desejo ardente por Deus)

Abstinentia (abstinência)
Vera largitas (generosidade)
Pietas (piedade, devoção)
Veritas (verdade, lealdade)
Pax (paz)
Beatitudo (felicidade)
Moderantia (moderação)
Salvatio animarum (salvação das almas)

Humilitas (humildade)
Caritas (amor ao próximo)

18) Inanis gloria (vã glória)	Timor Domini (temor de Deus)
19) Inobedientia (desobediência)	Obedientia (obediência)
20) Infidelitas (incredulidade)	Fides (fé)
21) Desperatio (desespero)	Spes (esperança)
22) Luxuria (luxúria)	Castitas (castidade)
23) Iniustitia (injustiça)	Iustitia (justiça)
24) Torpor (torpor, estupidez)	Fortitudo (força)
25) Oblivio (esquecimento de Deus)	Sanctitas (santidade)
26) Incostantia (inconstância)	Costantia (constância)
27) Cura terrarum (preoc. coisas terrenas)	Coeleste depositium (desejo coisas celestiais)
28) Obstinatio (dureza de coração)	Compunctio cordis (contrição)
29) Cupiditas (ganância)	Contemptus mundi (desprezo pelo mundo)
30) Discordia (discórdia)	Concordia (concórdia)
31) Scurrilitas (grossura)	Reverentia (respeito)
32) Vagatio (vagando)	Stabilitas (estabilidade, constância)
33) Maleficium (maleficium, magia)	Verus cultus Dei (verdadeira adoração de Deus)
34) Avaritia (avareza)	Sufficientia (sobriedade)
35) Tristitia saeculi (tristeza mundana)	Coeleste gaudium (alegria celestial)

"Em mim brilham todos os reinos do mundo, porque eu sou o espelho de Deus."

Das visões de Santa Hildegarda, aqui estão algumas definições: (o vício diz, a virtude responde):

20. A incredulidade (Infidelitas) afirma: "Não sei nada além do que posso ver, ouvir e apalpar... em meus numerosos estudos e pesquisas, no que vejo, ouço e percebo, sempre de novo descubro apenas a mesma vida" (Vit. Merit., III, 16).

20. A fé (Fides) liberta o ser humano: "Deus está em três Pessoas consubstanciales, que devem ser todas igualmente adoradas e glorificadas e eternamente não apagarei seu Nome de meu coração" (Scivias; III, 8)

1. O Amor do Mundo (amor profano) (amor saeculi) diz: "tudo o que ainda posso alegrar-me com a beleza do mundo, quero abraçá-lo com prazer" (Vit. merit., 110).

1. O Amor Celestial (Amor caelestis) diz: "Ó doce vida, ó doce abraço da vida eterna, ó felicidade bem-aventurada em que as recompensas são eternas! Você é sempre tão encantadora que eu não me canso de você. Jamais estarei satisfeita com a alegria íntima que há em meu Deus" (Scivias III, 3ª visão, 1).

2. A petulância (exuberância, insistência irritante) diz: "Alegremo-nos, pois, enquanto ainda há motivo para rir" (Vit. merit.1,12).

2. A Disciplina diz: "com o teu tolo modo de falar seduzes os homens para poder manipula-los mais facilmente" (Vit. Merit., 1, 13).

3. A Bufonaria (Joculatrix) diz: "Quão melhor é fazer piadas do que ficar deprimido! O homem e o animal, que os homens e os animais continuem juntos seus agradáveis jogos" (Vit. Merit., 1, 14).

3. O Pudor (Verecundia) diz: "desapareça sujeira, lixo deste mundo! Esconda-se, porque o meu Amado nasceu da Virgem Maria" (Scivias, III, 3.)

4. A Dureza de Coração (Obduratio) diz: "Eu não criei e não chamei ninguém para a vida. Por que eu deveria sentir dor ou me preocupar com alguma coisa?" (Vit. Merit., 1, 16).

4. A Misericórdia (Misericórdia) diz: "Estendo continuamente minhas mãos a todos os emigrantes e necessitados, a todos os pobres e fracos, a todos os que suspiram na pobreza" (Scivias, 3ª visão, 4).

5. A Preguiça (Ignavia) diz: "Não quero causar dor a ninguém, deixo cada um viver à sua maneira para não ser privado de nada. Sejam eles bons ou ruins, sempre me calarei para não pôr em perigo a minha existência" (vit. Mérit 1, 19).

5. A Vitória de Deus (Divina victoria) diz: "Eu ganho vitória sobre o diabo que é forte e também sobre você, ódio e inveja, e novamente sobre você, luxúria, e também sobre todos aqueles que gostam de mistificação" (Scivias, III, 3ª visão, 5).

17. A Inveja (Inveja) diz: "Eu sou o pastor e guardião de todos os excessos, e quando quero tiro toda a sua força vital dos homens. Todas as palavras medidas, fossem abundantes como areia no mar ou astutas como cobras, eu as sufocarei e elas não poderão resistir a mim, porque meu nome é Inferno. E assim atraio as massas e arrasto tudo o que Deus criou..." (Vit. Merit., III, 7).

17. O Amor ao Próximo (Caritas) responde: "depois que o homem foi criado, aquele que é a mais nobre semente e a mais doce descendência, o Filho de Deus nasceu como homem no fim dos tempos. E embora Lúcifer quisesse rasgar minha vestimenta e minha integridade, apareci como um esplendor muito marcante em Deus e no homem. Embora os cegos e os mortos, e as prostitutas e mulheres de má moral chamem o meu nome por suas ações impuras, por mais impossível que seja para a sujeira tocar o céu, tanto essa sujeira é incapaz de influenciar minha vontade. Das outras virtudes farei, portanto, asas com as quais rejeitarei essas inutilidades que Lúcifer espalha no mundo. Levantemo-nos para nos aproximarmos da verdadeira Luz, construamos por toda a parte as torres mais altas e fortes, para que quando chegar o dia tenhamos frutos abundantes na ordem material e espiritual" (Scivias, III, 8ª visão, 2: PL 653 B; CCh p. 480, 114-130)

28. A Dureza de Coração (Obstinatio) afirma: "O fato de eu não poder suspirar nem chorar não me preocupa, pois muitos morrem de tristeza... porque Deus dá todos os favores que Ele quer dar. Por que eu deveria me preocupar com um negócio tão tolo?" (Vit. Merit., IV,16).

28. A compunção do coração (Compunctio cordis) diz à dureza de coração: "Eu sempre anseio pela verdadeira e eterna Luz e a abraço. Nem em meus pensamentos, nem em meus desejos, nem em minha visão posso estar satisfeito com a alegria eterna que está em meu Deus" (Scivias III, 10ª visão, 12: PL 700 B; CCh. 559, 472-474) .

8. A Dissolução (Ingluvies ventri) diz: "Deus criou tudo; por que devo desistir? Se Deus não soubesse que precisávamos de todas as coisas, Ele não as teria criado. Portanto, eu ficaria completamente louco, se o fizesse não queira gozar de todos estes bens, porque Deus não quer que falte a carne do homem» (Vit. Merit., II, 4).

8. A abstinência diz: "Estou intimamente invadida de misericórdia, ela faz fluir uma corrente que não quer esconder seus tesouros, seu ouro e suas pedras preciosas nem dos pobres nem dos indigentes, cuja pobreza faz chorar. Gostaria de consolá-los e afastar para sempre a sua miséria, pelo amor do Filho de Deus que é manso e humilde, que distribui todos os seus bens pelas almas dos justos e cura as feridas dos pecadores através da sua penitência" (Scivias, III, 6ª visão, 1: Pl 626 B; CChr 435, 125-130).

11. A Mentira (Fallacitas) diz: "Quem pode sempre dizer apenas a verdade? Eu prejudicar-me-ia se desejasse sinceramente felicidade e prosperidade dos outros" (Vit. Merit., II, 12)

Nient'altro che la Verità

11. A mentira é rejeitada pela **Verdade (Veritas)**: "Gostaria de ser uma clava e um flagelo contra o mentiroso, que é filho do demônio, porque o demônio é o perseguidor da justiça inefável de Deus. Mas eu sou o contrário dele e contra ele, porque nunca me encontrei em sua boca, e o cuspo de minha boca como veneno mortal, embora ele nunca entre em mim por sua astúcia. É o pior e o mais terrível de todos os males, porque todos males vêm dele. Então eu o golpeio e pisoteio com a justiça amorosa de Deus, que me sustenta e dirige e é sem fim.

Todas as virtudes de Deus, que elevam, podem ser edificadas sobre mim, porque eu sou firme e sólido" (Scivias, 6ª visão, 4: PL 627 A; CChr 436, 64 s).

12. A Briga (Contentio) diz: "Enquanto eu respirar, não tolerarei ser tocado tolamente ... Se alguém se aproximar demais, darei a ele mais do que merece" (Vit. Merit., II, 15).

12. Paz (Pax) diz: "Eu luto contra a guerra do mal que continuamente irrompe contra mim que diz: 'Não posso suportar nenhum castigo, mas quero lutar com tudo o que está contrário e contra mim. De quem temerei? Não temerei ninguém.' Mas rejeitarei aqueles que falam tão perversamente, pois resolvi me alegrar sempre: porque o Senhor Jesus é o Salvador e Consolador de todas as dores, e ele mesmo suportou a dor em seu próprio corpo" (Scivias, III, 6ª Visão, 5: PL 627 B; CChr 437, 182-189).

15. O ateísmo (Perditio animarum) diz: "Que mérito posso ter e que tipo de lucro? Não queremos nada além de fogo. Não quero nada com o deslumbrante esplendor da vida, mas estou aqui apenas para causar estragos e roubar almas. O ateu já não tem alegria na vida, porque não quer conhecer a Deus que o pode ajudar» (Vit. Merit., II, 24).

15. A Salvação das Almas (Salvatio animarum) diz: "Deixo a Antiga Aliança e me revesti do Filho de Deus, com sua justiça, sua santidade e sua verdade. Portanto, renasci e me libertei de meus vícios. Desde então, ó Deus, não te lembres mais dos pecados da minha juventude e da minha ignorância, e não vingas os meus pecados" (Scivias, III, 6th Vision, 8: PL 628 C; CChr 499, 254-258).

14. O Excesso, a Intemperança (Immoderatio) diz: "Tudo o que posso desejar e buscar, quero desfrutar e não desistir de nada. Cada estímulo do meu corpo é um verdadeiro prazer para mim. Como sou, vivo, e como me convém, assim ajo" (Vit. Merit., II, 21).

14. A Medida Justa (Discretio) diz: "Todas as coisas que estão na ordenança de Deus coincidem. Pois as estrelas brilham com a luz da lua e a lua brilha com o fogo do sol. Tudo serve a um superior e nada excede sua medida" (Vit. Merit., II, 22).

18. A Vanaglória (Inanis gloria) diz: "Eu investigo tudo o que acontece e sou minha própria testemunha. Transformo tudo de maneira que me seja útil. E o que sei e o que vejo deve servir à minha honra pessoal. Eu tenho tanta autoconfiança que posso voar, como pássaros, através de aldeias e acima das estradas..."

18. O Temor do Senhor (Timor Domini) diz: "Ai dos homens miseráveis que não temem a Deus, mas o tratam como um enganador! Quem pode escapar do infinito temor de Deus? Deus destrói o culpado que não rejeita o mal. Portanto Quero temer a Deus cada vez mais. Quem me ajudará quando eu comparecer diante do verdadeiro Deus? Quem me livrará do terrível juízo? Nada senão Deus que é justo" (Scivias, III, 8ª visão, 3: PL 654 A ; CChr 481, 156-162)

13. O infortúnio (Infelicitas) lamenta: "Que salvação tenho então? Nada além de lágrimas? O que é minha vida senão dores?

E que ajuda tenho senão a morte? Que saída, senão a perdição? Melhor coisa, não tenho" (Vit. Merit., II, 18).

13. A Felicidade (Beatitudo) diz: "Sou feliz porque meu Senhor faz-me bela e pura. Fujo também dos conselhos mortais do demônio, porque este é sempre mais infeliz em sua atitude, por aquilo que deixa Deus de lado e não para de tramar maldades. Eu fujo deste Satã, eu o deixo furioso, porque ele é sempre malicioso comigo, porque eu desejo constantemente Aquele que me ama, eu o abraço diligentemente e quero possuí-lo com alegria em tudo e acima de tudo" (Scivias, III, 6ª visão, 6).

6. A Cólera diz: "Eu pisoteio e destruo tudo o que está no meu caminho. Por que eu deveria suportar a injustiça? Com a espada eu golpeio ao meu redor, e com o cassetete eu golpeio dentro, quando alguém me faz uma injustiça" (Vit, Merit., I, 22).

BEATA VERGINE DELLA PAZIENZA
SANTUARIO DELLA CESAREA - NAPOLI

6. Paciência (Patientia) diz: "Eu estou no princípio com o fortíssimo Filho de Deus, que veio do Pai a este mundo para salvar os homens, e que voltou ao Pai. Ele morreu na cruz com dores muito grandes, ressuscitou dos mortos e subiu ao céu, é por isso que não quero ser confundido fugindo das misérias e dores deste mundo" (Scivias, III, 3ª visão: PL 591 B: CChr 373, 99-m02) .

7. A alegria tola (Inepta laetitia) diz: "Em mim encontro a doce vida e um caminho surpreendente; por que devo me restringir? Esta vida em que fui criado, Deus me deu, e o que é isso o que dizer sobre isso, se há alegria na minha carne? (Vit. Merit., I, 25).

7. Aspiração a Deus (Gemitus ad Deum) responde: "Como você pode manter uma vida cega e muda para a verdadeira vida onde não há escuridão? Eu sei que a vida deste mundo seca como palha. Eu também aspiro à vida que nunca acabará, para a harmonia do céu e as alegrias dos anjos e dos bons espíritos" (Vit. Merit., I, 26).

29. A Avidez (Cupiditas) diz: "Tenho desejos fortes e me esforço cuidadosamente para atrair para mim tudo o que é precioso, honroso e belo. É apenas com meus lindos anéis, minhas

lindas pulseiras e minhas coberturas soberbas que sou considerado e respeitado pelos homens" (Vit. Merit., IV, 19).

29. O Desprezo do Mundo (Contemptus mundi) diz: "A
busca das riquezas e das honras deste mundo me afasta da
face de Deus" (Vit. Merit., IV, 14) - "Ao vencedor alimentarei da
árvore da vida que está no paraíso de Deus" (Apocalipse 2, 7;
Scivias III, 10ª visão, 13; PL 700 C; CCh 560, 484 s).

34. Avareza (Avaritia) afirma: "Eu recolho tudo para mim e
tudo recolho no meu seio. Quanto mais eu recolho, mais eu
possuo. Quando eu tenho tanto quanto eu quero, eu não

preciso mais ir pedir a outro e eu realizo o que me apraz" (Vit. Merit., V,12).

22. A Luxúria (Luxuria) diz: "O céu pode ter sua justiça. Até a terra tem suas obrigações especiais"

22. A Castidade (Castitas) diz: "Sou livre! Eu sou a liberta!"

27. A preocupação com os bens terrenos (Cura Terreno-rum) diz: "Que preocupação poderia ser melhor do que a pre-ocupação com o mundo? (Vit. Merit., IV, 14).

27. A Aspiração ao Céu (Coeleste depositium) diz: "Tenho minha pátria nas alturas (celestiais); sou a vida e o verde de todas as boas obras e o bracelete de todas as virtudes. Sou a personificação do amor a Deus e um elemento de toda aspira-ção a Ele" (Vit. Merit., IV, 15).

21. O desespero (Desperatio) diz: "Não quero ser consolado! O que me resta senão a morte? Neste mundo não tenho alegria nem consolação" (Vit. Merit., III, 50).

21. A Esperança (Spes) diz: "Não suspeite da bondade de Deus. Ninguém pode ajudá-lo se for fora de Deus que você busca o valor de todas as coisas (Vit. Merit., III, 20)

35. A tristeza mundana (Tristitia saeculi) diz: "Infeliz por ter sido criado! Infeliz por viver! Criado para o infortúnio, vivo sem consolo. Ai! De que serve uma vida sem alegria para mim? Pois fui criado, enquanto nenhum bem me é oferecido? (Vit. Merit., V, 15)

26. A Inconstância (Incostantia) diz: "Com nossas ciências eu estudo tudo, e em todos os lugares algo me impressiona" (Vit. Merit., IV, 69)

26. A Constância (Constantia) diz: "Eu sou o pilar firme, e a inconstância não me abala. Nem o forte, nem o fraco, nem o poderoso, nem o nobre, nem o rico, nem o pobre, podem impedir-me de habitar com meu Deus que eternamente não vacila" (Scivias, III, 10ª visão, 10: PL 700A; CCh 557, 446f).

16. O orgulho (Superbia) diz: "Eu grito sobre as montanhas. Quem quer ser como eu? Eu sou o maior; então estendo meu manto sobre as colinas e campos e não tolerarei nenhum ataque. Não conheço ninguém como eu" (Vit. Merit., III, 5).

16. A Humildade (Humilitas) diz: "Comecei em pequeno e subi às alturas do céu. Antes considero a fraqueza do meu corpo e depois subo passo a passo, de virtude em virtude; pois quem agarra por primeiro os ramos mais altos, vai fazer uma queda pesada e profunda. Mas quem começa pelas raízes não cairá tão facilmente" (Scivias, III, 8ª visão, 1).

24. A Preguiça (Torpor) diz: "Por que eu deveria alterar minha vida e atormentá-la tanto?" (Vit. Merit., IV, 5).

24. O Valor (Fortitudo) diz: "Quero, pois, com a ajuda de Deus, lutar contra o mal, e ninguém prevalecerá sobre mim. Quero ser como um aço duríssimo que torna invencíveis todas as armas da luta de Deus. No meio deles quero ser a espada afiada que ninguém, pela força de Deus, pode quebrar. Serei, portanto, constantemente o recurso mais seguro para a doença dos homens, em cuja fraqueza sou a vigorosa espada de defesa." (Scivias, III, 9ª visão, 3: PL 667 C; CChr 520, 194).

25. O esquecimento de Deus (Oblivio Dei) tenta sugerir aos homens: "Se Deus não me conhece, como posso conhecê-lo?

Portanto, não abandonarei meus planos pessoais. Só faço o que gosto, o que sei e o que entendo... Uma coisa é certa: se existe um Deus, então ele não me conhece" (Vit. Merit., IV, 8).

25. A Santidade (Sanctitas) responde: "Quem te criou ou te deu vida? Só Deus! Por que você não vê que não pode criar a si mesmo? Mas eu invoco a Deus e peço a ele tudo o que é necessário para a vida... comida, bebida e tudo o que o homem precisa, não é a terra, mas somente Deus que deu-os a ele. Os homens a veem crescer, mas não (veem) como acontece, ou por que acontece. Ninguém senão Deus poderia sustentar toda a humanidade através dos séculos ou mesmo encher de vida o menor ser que existe neste mundo" (Vit. Merit., IV, 9).

Neste diário "a roda do mundo" optou-se por uma parte do conhecimento histórico, que não deve ser contada como contos de fadas ou para enriquecer a nossa cultura e a nossa mente. A verdadeira história também existe para corrigir os erros que outros seres humanos cometeram. A vida é uma dádiva, não nos pertence, por isso deve ser cuidada e não jogada nos braços dos vícios, se queremos paz, felicidade, amor. Sabemos que as ciladas do diabo não são temas a serem subestimados porque o mal é forte, mas a oração a Deus é a arma para levar Satanás de volta ao inferno com os maus espíritos. Sempre lembrando-nos que o diabo é forte, mas a vitória pertence a Deus.

Outro tema que não deve ser subestimado é o dinheiro: se o mundo encontrasse o equilíbrio da gestão do dinheiro, da sua verdadeira lógica, a pobreza cessaria e os vícios tornar-se-iam virtudes. Para chegar a esse projeto, o homem precisa respeitar as leis de Deus em suas instituições sociais.

Conclusões

Quem é como Deus?

"A roda do mundo", é um diário histórico que desde o início nos pede para meditar, porque vê o terceiro milénio como um período histórico onde tudo pode mudar de mau para bom; para reencontrar a fé perdida, perseguida por um processo histórico, este diário faz uso da oração de São Patrício, armadura de Deus... após, para não enganar ninguém, o Arcanjo Rafael, remédio de Deus, nos guia pelo caminho da verdade. Já nas primeiras páginas descobrimos que o mal tem a cumplicidade humana, eles são os arquitetos da nova ordem mundial, servos do mal que decidem o destino deste planeta: guerras, motins, terrorismo, a partir da revolução americana foram financiados, procurados, provocados para obter poderes políticos, dinheiro. O diabo não é um conceito medieval, ele existe, tomou seu lugar em toda a nossa sociedade, quase parece que não exista mais um mandamento de Deus que seja respeitado. Abraão, pai da fé do verdadeiro Deus, transmitiu a verdade ao seu povo judeu, que no bem e no mal resistiu até a vinda do Messias, ou seja, Jesus Cristo que disse: *"Eu sou o caminho, a verdade e a vida"*. Os apóstolos de Jesus pregaram e semearam esta palavra, fazendo crescer a fé no redentor, que semeou o seu credo. Conhecemos sua história em toda parte, tanto terrena quanto espiritual. Neste terceiro milênio, um período sombrio que vivemos material e espiritualmente por causa de uma sociedade que vive apenas no pecado, de hereges, maçons, inimigos da humanidade e da igreja, precisamos de clareza, precisamos esmagar a cabeça às mentiras. Com a ajuda do Arcanjo Rafael fazemos um caminho entre as verdades ocultas, mistificadas, verdades teológicas, santas, proféticas, marianas, verdades de homens de boa vontade que buscam Deus, a dignidade, o perdão, a paz, o amor, a justiça divina. Não é fácil desatar os nós que sufocam a fé cristã: este diário tenta humildemente. (Mt 7: 15-16): "*Cuidado com os falsos profetas, que vêm até vocês disfarçados de ovelhas, mas por dentro são lobos devoradores! Você os reconhecerá por seus frutos.*" As palavras de Jesus nos ajudam a avaliar, no sinal do santo discernimento, a verdade ou a falsidade daqueles que pretendem ensinar em nome de Deus. Após a suposta renúncia de Bento XVI, um raio na cúpula da Basílica de São Pedro anunciou um presságio, que foi seguido por um terremoto em Castelgandolfo (Roma).

Desde 13 de Março de 2013, a igreja tem um novo papa, Bergoglio, que assume o nome de Francisco. Depois de dez anos, examinamos os frutos de seu pontificado. Em sua primeira aparição, observamos um papa sem estola, que carrega no peito uma cruz que não é cristã. De João XXIII a Bento XVI, antes de se manifestarem ao povo, os papas usavam a estola, símbolo da graça e da bênção de Deus. O Papa Francisco não usava estola, não falava em nome de Deus, mas mistificava as palavras de fraternidade com um novo caminho que está fora do dogma cristão católico. Durante sua jornada muitos padres e bispos tomaram conhecimento de suas heresias, quem tentou desafiá-lo foi excomungado ou impedido em sua missão de servo de Deus. Misericórdia contra misericórdia, sem diálogo, censurando tudo que fosse contra seu pensamento teológico. O papado de Francisco continuou com gigantesca propaganda em jornais, revistas, televisão, como uma *star* papal. Deus envia seus sinais premonitórios: em 26/01/2014 na Praça de São Pedro foram soltas duas pombas brancas, um corvo e uma gaivota atacaram as duas pombas da paz lançadas pelo Papa Francisco junto com dois jovens Uma pomba representava o Papa Bento XVI, a segunda representava a perda da paz, que o mundo teve que enfrentar com a falsidade e o engano que foi semeado materialmente, psicologicamente, espiritualmente.

O bom pastor resolveu celebrar o culto da "pachamama" nos jardins do Vaticano, levando-a também em procissão nas igrejas reais, pecando por idolatria, fazendo-se anátema. Em 25 de Dezembro de 2019, sob os olhos do mundo inteiro, os ministros bergolhanos prestaram homenagem à pachamama. No início de 2020, a maldição da pandemia de Covid 19 abalou o mundo. Em Roma, na Praça de São Pedro, no dia 27 de Março de 2020, o Papa Francisco viu o fruto da maldição em uma praça vazia, escura e chuvosa. Ignoramos que o mal sabe o que está fazendo.

Em dezembro de 2020, na Praça de São Pedro, o presépio parecia uma provocação maligna para adorar estátuas. Para o Papa Francisco, apenas vacinar-se era um ato de amor. O Papa Bento XVI, no silêncio e na oração, com sinais que alguns interpretaram como uma linguagem codificada, deu a entender que Pedro ainda era ele, o resto era propaganda política. Nada é deixado ao acaso... em 2021, em Roma, foi colocada na Scuderie del Quirinale a "porta do inferno" de Rodin, um desafio à cultura cristã, à fé, à santa mãe igreja. Estamos diante de uma luta evidente, na qual não há coincidências. Nos dias 14 e 15 de Setembro de 2022, os líderes religiosos se reuniram em Astana (Cazaquistão) para o diálogo e a paz entre as religiões do estado e assinaram o acordo; o Papa Francisco traiu assim os dogmas da igreja cristã. Após a morte do Papa Bento XVI em 31 de Dezembro de 2022, está sendo feita uma tentativa de fazer do bom pastor Papa Francisco uma vítima devido ao excesso de críticas que chegam ao falso papa de todo o mundo. Em dez anos com a ajuda do poder, da autoridade pessoal e impessoal (aquela designada por Deus), organizou sua igreja durante a pandemia, sua forma de ver e pregar o evangelho, coisas que não correspondem aos dogmas levantados por milênios com a fé cristã. Uma minha pesquisa mostra que quem não segue seu pensamento é excomungado, sem possibilidade de dialogar, censurando, ocultando tudo de anormal que já ocorreu durante seu pontificado. Padres, bispos, cardeais, cristãos, leigos, educadamente pediram explicações sobre sua mudança teológica sem nunca obter uma resposta. Acontece também que essa misericórdia que o Papa Francisco aplica é fruto de sua má teologia. Não se trata de falar mal de um papa, de uma pessoa já velha, cansada e doente, eu seria o primeiro a ter vergonha de mim mesmo. Quem sou eu para julgar? Não julgo, mas repreendo, da mesma forma que Jesus Cristo que nos ensina a repreender por Amor. Meu amor defende a Santa Madre Igreja, defende até o fim uma alma que está caindo no inferno por causa do seu orgulho. Queridos cristãos, católicos, leigos, não crentes, aqui está em jogo o futuro da Igreja e não o Papa Bergoglio, está em jogo o cristianismo, a sua verdadeira doutrina e os seus verdadeiros dogmas, juntamente com os sacerdotes, religiosas, bispos, cardeais e o próprio papa, a Santa Madre Igreja, o Corpo Místico de Jesus Cristo.

É através dos frutos que Jesus nos diz para reconhecer a falsa igreja do Papa Bergoglio. Como chegamos ao tempo de uma falsa igreja? Este diário já contou a história do Padre Pio, de Nossa Senhora de Fátima, da Irmã Lúcia e do terceiro segredo de Fátima (que deveria ser aberto a partir de 1960). Este diário falou-se do Concílio Vaticano II, sempre mantendo um fio condutor do que acontecia dentro dos palácios vaticanos.

O que ignoramos é que dentro do Vaticano os cardeais, os bispos, sabem perfeitamente como as coisas acontecem. No Vaticano há santos, pervertidos, protestantes, jesuítas, progressistas, tradicionalistas, maçons, iluminados, ministros da igreja de boa vontade. Durante séculos, todos têm procurado o poder material e espiritual da igreja cristã. Como já dissemos, o Concílio Vaticano II abriu as portas a todos, inclusive às novas leis que a Igreja teve de desenvolver, colocando-se em sintonia com a política do mundo, pregando com a língua as palavras de Jesus, mas traindo ele com o coração. Deus do céu tudo vê, conhece o plano que o ser humano quer realizar, uma nova igreja mais como a torre de Babel, eliminando aos poucos as leis de Deus para inserir as leis humanas. Sendo assim, Deus inicia sua cruzada a partir de 1830, confundindo as mentes dos que se julgam sábios, deixando o diabo trabalhar com seus cérebros. Deus caminha sempre com a verdadeira fé cristã, nunca abandona os verdadeiros ministros da Igreja e os fiéis. Quando a Igreja com o Concílio pensava continuar seu caminho com as portas abertas, Madre Teresa de Calcutá escancarou o coração de muitos fiéis cristãos. O Papa Paulo VI, cúmplice do Concílio, deu um passo atrás, tomando conhecimento do engano e até declarando que a fumaça de Satanás havia entrado no Vaticano. O Papa Paulo VI morreu em 1978. O seu sucessor, o Papa João Paulo I, Albino Luciani, cujo pontificado durou apenas 33 dias, cumpriu a profecia que a Irmã Lúcia (vidente de Fátima) tinha anunciado, nomeadamente que o seu pontificado seria curto, que a sua missão seria uma cruz. O bom grão morre para dar bons frutos. Enquanto observamos apenas a lógica do tempo e do espaço, Deus age no segredo dos corações humanos de boa vontade que, de forma visível e invisível, lutam pela verdade, pela justiça e pela paz. Em 16 de Outubro de 1978, Karol Woityla, da Polônia, foi eleito papa com o nome de João II. Ele será o papa da juventude, mas sua verdadeira missão, depois de ter sofrido um atentado, foi fazer redescobrir a fé mariana, invocar a misericórdia divina, preparando o terceiro milênio para a purificação da fé da Igreja, colaborando com o teólogo Cardeal Ratzinger e com a Irmã Lúcia para a consagração da Rússia ao Imaculado Coração de Maria, realizada em 25 de Março de 1984, consagrando também o mundo. Faltava realizar o terceiro segredo de Nossa Senhora de Fátima: a Irmã Lúcia, por Seu testamento, pediu para divulgar o terceiro segredo somente após sua morte, ocorrida em 13 de Fevereiro de 2005. Na via crucis da Sexta-feira Santa de 2005, o terceiro segredo de Fátima foi revelado pelo Papa João II e pelo Cardeal Ratzinger. O Papa João II morreu em 2 de Abril de 2005; em 19 de Abril de 2005 Ratzinger tornou-se o Papa Bento XVI, que nunca falou em código, sempre falou abertamente aos políticos, aos fiéis, aos jornalistas, em seus livros e a seus irmãos cardeais bispos. O Papa Bento XVI falava a linguagem da teologia, era astuto como uma cobra e dócil como uma pomba, falava a quem tinha ouvidos para ouvir e olhos para ver. Sua missão papal era restaurar a igreja no caminho cristão correto. Apenas uma minoria o seguiu, o resto dos cardeais, bispos carregavam uma teologia ruim. Dentro do Vaticano, o Papa foi obrigado a lutar contra os lobos, contra as críticas à pedofilia, suborno de dinheiro, perversões sexuais, fora contra o mundo político, onde a igreja não podia aceitar ou negociar leis que iam contra os mandamentos de Deus. Em 2013, o Banco da Itália bloqueou os cartões de crédito do Vaticano em todo o mundo. O Papa Bento, depois de quase oito anos de ataques, de luta interna e externa, tomou uma decisão vital para o futuro da fé cristã, uma tentativa desesperada pelo futuro da Igreja, porque os dogmas teológicos estavam sendo mistificados, a Santa Missa (com Comunhão dada nas mãos), havia um sacerdócio perverso, um silêncio da Igreja sobre o aborto, sobre as práticas sexuais pervertidas, sobre a eutanásia, etc, etc. A igreja precisava de vigor, forças para lutar contra uma montanha de problemas mortais. Em 11 de Fevereiro de 2013, o Papa Bento XVI reuniu seus confrades anunciando uma decisão importante, depois de examinar-se diante de Deus. A leitura da *Declaratio* deve ser compreendida somente depois de ter conhecido os fatos reais do que estava escondido dentro do Vaticano, depois de ter compreendido a fundo a má teologia que estava sendo alimentada aos fiéis. O Papa Bento XVI não tinha mais forças, saúde para lutar contra o vento contrário, sendo impedido por seus irmãos e pelo mundo político. Para o bem da igreja, sem renunciar ao munus petrino, decidiu servir à igreja, dizendo: "Sei bem que este ministério, pela sua essência espiritual, deve realizar-se não só com obras e palavras, mas não menos sofrendo e rezando". O Papa Bento XVI renunciou assim às práticas da Igreja de uma maneira diferente; com o sofrimento e a oração continuou seu ministério petrino de uma forma diferente da que estávamos acostumados. O Papa Bento XVI não podia mais aceitar ser uma máscara papal, em sua santidade não podia trair Jesus Cristo. A história o lembra como o papa que por quase dez anos viveu sua vida papal como um prisioneiro amarrado ao sofrimento e à oração. A Declaratio dizia respeito apenas a seus irmãos cardeais, bispos, advertindo-os, fazendo-os entender que era hora de acabar (este modo de viver a fé), tirando a máscara de todos e afirmando que para o bem da Igreja devemos voltar a servir a Jesus Cristo. Durante séculos a igreja sempre esteve dividida por dentro, cada um serviu a Cristo à sua maneira. Agora a boa e a má teologia não podiam mais ficar juntas. A *Declaratio* do Papa Bento XVI queria anunciar uma distinção entre a boa e a má teologia que traía os dogmas cristãos; de forma alguma o Papa Bento XVI dividiu a igreja em duas, mas chamou todos à obediência aos dogmas da boa teologia. Foram necessários três papas para descobrir os traidores escondidos no Vaticano para fundar a falsa igreja bergolhana. Hoje a falsa igreja não está mais escondida, mas desmascarada e também tem seu próprio papa e cardeais. A igreja é una, santa, católica e apostólica, cresce nas almas, por isso cabe a cada um de nós fazer a escolha da fé que realmente queremos professar. Espero que este diário, penetrando no labirinto da consciência (onde as falsas crenças representam o obstáculo para a saída, para a luz), possa ajudar a compreender melhor a fé cristã. Aqui está o terceiro segredo de Nossa Senhora de Fátima que devia ser transmitido ao mundo desde 1960: era a perda da fé por parte dos ministros da igreja e de muitos cristãos. Em Portugal, a partir de Coimbra, onde a Irmã Lúcia escreveu as suas memórias, termina o meu diário de pesquisa: o seu objetivo era fazer um percurso histórico, teológico, mas o verdadeiro objetivo continua a ser o de convidar à uma oração sincera dirigida a Deus. A mensagem de Nossa Senhora de Fátima continua hoje: Ela espera em nossas orações para o triunfo de seu Coração Imaculado na companhia do anjo que diz: "penitência, penitência, penitência!"

Este terceiro milênio viu ataques, guerras, catástrofes, terremotos, maremotos, pandemias, a renúncia de um papa. Nos últimos dez anos (desde 13 de Março de 2013), a irmandade do Papa Bergoglio nos colocou uns contra os outros, paz em guerra, materialmente com perigo nuclear, espiritualmente com a falsa igreja. Não há duas igrejas cristãs, mas apenas uma que caminha com a verdadeira fé cristã na dor e na alegria rumo ao caminho de Deus. Tudo se encarna no homem, o bem e o mal, a verdade e a mentira, os vícios e as virtudes, a luz e as trevas.

Deixo-vos com uma oração a São Miguel Arcanjo, guerreiro de Deus, a partir de agora será ele quem revelará as verdades ocultas.

Poderoso São Miguel Arcanjo,
príncipe de todos os outros anjos
conceda-me sua ajuda do céu
e o prazer de ter sua ajuda
para obter uma pequena graça de que tanto necessito.
Príncipe guerreiro, lutador contra todo o mal
guerreiro resistente contra todos os ataques
ajude-me humildemente
deixe-me ver a verdade por trás da mentira
que se esforça tanto para mentir diante dos meus olhos
deixe-me saber qual é a verdade
que me escondem tanto que não querem que eu saiba
e eles nem desconfiam
eterno glorioso guerreiro do bem ajude-me a ver
o que eu preciso ver
mantenha longe todas as mentiras, todas as comédias
e todas as coisas que me impedem de saber a verdade
ajude-me a descobrir se isso realmente acontece
se está acontecendo

mantem fora dos meus caminhos todas as coisas
que me impedem de ver e saber a verdade absoluta
Te ofereço pouco mas te peço muito
sou pobre de corpo e alma
mas minha fé nas verdades de Jesus Cristo
é maior que as mentiras do mundo inteiro.
Que assim seja
Amen

Este diário, que contém pesquisas e experiências pessoais desde 1987, foi finalmente concluído em 20 de setembro de 2023.

O autor faz questão de ressaltar que o processo histórico descrito neste livro serve apenas para compreender melhor os acontecimentos atuais, sem fazer julgamentos morais.

Em 2023 vivemos mais do que nunca esta luta entre o bem e o mal. Do céu uma Mãe se cala, não responde nem aos cristãos nem aos hereges, não responde aos graves problemas que a humanidade atravessa com os preconceitos do fim do mundo; já não é hora de discursos, de razão, de ciência, de política, de religiões, estamos todos envolvidos, chamados a lutar contra o mal, mantendo silêncio e rezando para afastar o diabo, o verdadeiro problema da história do mundo , inimigo da humanidade, da verdadeira fé cristã.

Giuseppe Cianciola

ÍNDICE

Printed in Great Britain
by Amazon

33332554R00170